建築・都市レビュー叢書 02

モダニズムの臨界

都市と建築のゆくえ

北山 恒 *Koh Kitayama*

R

NTT出版

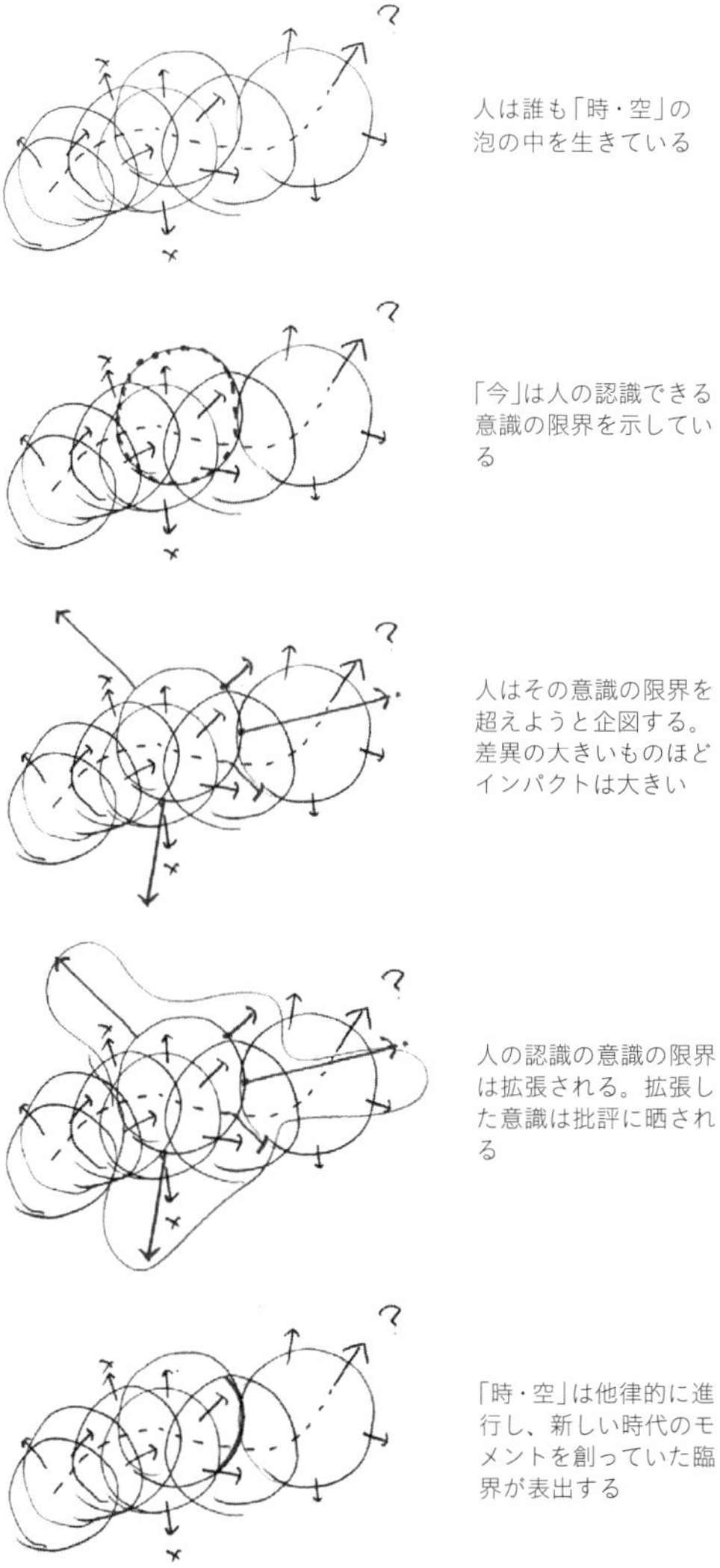
人は誰も「時・空」の泡の中を生きている
「今」は人の認識できる意識の限界を示している
人はその意識の限界を超えようと企図する。差異の大きいものほどインパクトは大きい
人の認識の意識の限界は拡張される。拡張した意識は批評に晒される
「時・空」は他律的に進行し、新しい時代のモメントを創っていた臨界が表出する

Fig.1：建築の臨界

はじめに

私は20世紀の真中、1950年生まれなので、西暦から自分の歳がいくつなのか読むのが簡単だ。たとえば1970年は20歳だった。その頃に「建築」という世界に入って、建築を学び始めた。それから、すでに半世紀ほど建築の世界をみている。ル・コルビュジエは1965年に亡くなっているので、その生前に私も生きているのだが、建築という世界を知ったときにはもう過去の人になっていた。ミースはもっと微妙で、1969年に亡くなっている。槇文彦は『漂うモダニズム』（左右社、2013）のなかで、1970年頃までの建築は、誰でもが乗っている「大きな船」のようだったと書いている。そして、1970年代を境に、一隻の大船からみな大海原に投げ出され、今度はひとりひとりがバラバラに泳ぎ始めなくてはならなくなった、と時代を描写する。

そうなったのも、1968年のパリの五月革命があったからだ、と私は思う。学生を中心とした既成制度に対する異議申し立ての運動は、「解放区」という空間を、バリケードを築いてつくるという闘争を行った。権力との闘争は空間の争奪として現れる。この革命運動では都市は既成の社会制度や国家権力を表象するものとして認識されている。この「解放区」をめぐる権力闘争は世界に展開した。日本では翌年の1969年に、権力の再生産に抗議して安田講堂を占拠し、その年の東大の入試を中止させる。様々な場面で人々は大きな船の乗船券を得ることができず、ひとりひとりがバラバラに泳ぎ始めた。そのときからひとりで泳いでいくことになるのだ。

時代の変節はその渦中にいる人には見えない。時を俯瞰する眼をもつ者しかそれを見ることはできない。時代の変節は瞬時に行われるものではないので、前の時代とこれからの時代に属するものが同時に存在し、それぞれの事物に対する価値観が引きちぎられていくような感覚をもって移行する時間である。この本の序とした「モダニズムの臨界」という論考では建築のモダニズムは西欧文明の「近代」という概念の表現形式であるとして、その「近代」の終焉とそれ以降を読み解こうとしている。

1989年のベルリンの壁崩壊（西欧における共産主義社会崩壊）以降、世界は資本主義（市場経済）の独裁が始まり、それは次の社会システムを求める移行期に入っていたとも言える。2008年の資本主義の大きなクラッシュと日本では2011年の東日本大震災により、次の社会の概要が見えてきている。この論考集で収録した文章は1990年代からのものであるが、そのすべてがこの移行期に書いたものなので、相対する価値観が並存している文章が多い。何を否定し、その否定の先にどこに向かうのか、その行方を探る論考集である。

目次

第3部 都市…105

モダニズムの臨界

都市と建築のゆくえ

序　モダニズムの臨界

同時代感覚とは、ある特定の時間に同じ場所にいるという感覚だが、時間や空間のまとまりは多様に感じ取られるものなので、その感覚はまだらである。個人の時間感覚で言えば、成人し社会的に活動する30年間くらいがひとつの時間的まとまりとなるのだが、社会という集団が経験する時間の流れのなかでは、時代を画する事件があるとそれが時間の切断面をつくり、「それ以前とそれ以降」という時間を引き裂くような感覚がつくられる。

私たちは時代という泡のなかを移動している共同体である。臨界というのはこの時代のまとまりを通過した者が感じる感覚なのかもしれない。「現代」とはその時代の只中を生きる人の時間感覚である。日本では「現代」と「近代」は時間的近接性で使い分けるようであるが、ヨーロッパ世界では、「近代《モダン》」という場合はルネッサンス期の近代的自我の誕生以降とする場合や、大航海時代、宗教改革、ガリレオ、ニュートン、コペルニクスなどの宇宙を含む自然科学の展開という出来事から始める場合、または、ヴァルター・ベンヤミンが描く文学的な立場から19世紀半ば1850年頃を文化的近代の始まりとする見方もある。近代は現代につながる時代感覚なのだ。面白いことに「modernus（現代的）」という言葉が最初に用いられたのは5世紀後半のことであり、それはヨーロッパ世界でキリスト教という宗教が公式に支配を始めたときのことで、それ以前の異教の支配した時代と区別するために使われた。「現代」とは一時的で瞬間的に過ぎ行く「今」であり、「近代」はヨーロッパを中心とした社会規範に関係している。

モダニズムという時代

建築におけるモダニズムは20世紀初頭、正確に言えば第一次世界大戦前後から始まる、と気づかされたのは、レム・コールハースが、2014年のヴェネツィア・ビエンナーレで「近代化の吸収——1914－2014」という展示テーマを提起したからである。ここで使う〈近代〉は文明論で用いる「近代」とは別項の〈近代〉である。

ヨーロッパにおいては、建築にかかわる〈近代〉という時間概念が「第一次世界大戦」に関連のあることはあたりまえなのかもしれない。〈近代〉は「第一次世界大戦」の、西ヨーロッパの特定の地域でしか存在していなかったのだ。そう思ってみれば、レイナー・バンハムが『第一機械時代の理論とデザイン』（1960／邦訳＝石原達二・増成隆士訳、鹿島出版会、1976）のなかで、躍動感のある建築運動を描写しているが、この地域だけのストーリーであることに気づく。第一次世界大戦によってヨーロッパ社会から帝政という社会システムが完全に消え去り、市民が新しい主人となる社会が登場してくるのだが、その沸き上がるような高揚した社会のなかで〈近代〉という概念は生まれているのだ。もちろんその背景には18世紀末の市民革命や19世紀の産業革命という社会運動によって生み出されていた社会的与件が存在していた。だからこそ、この戦争を契機に新しい時代感覚に飛び込むことができたのだろう。思想史家の塚原史はダダを中心とした20世紀初頭の芸術活動を「切断」という言葉で表現していたが、ヨーロッパのその時代を生きた人々は、まさにそれ以前の世界とは異なる世界へ飛び込むような感覚があったのではないかと思う。ジークムント・フロイト、フェルディナン・ド・ソシュール、アルベルト・アインシュタイン、マルセル・デュシャンなど、新しい世界を指し示す人物の登場がこの世界のアウトラインをリアルなものにしていた。まさに理性的に切断された世界が登場していた。ヴァルター・ベンヤミンは著作のなかで、残されるものと新しく生まれてくるもの、その引き裂かれていく世界の現場を取材する記者のようにこの臨界を詳細に描写しているが、私たち日本人は知識や情報として〈近代〉という規範を了解してはいるものの、この同時代感覚を共有していない。

近代建築《モダニズム》という規範は、20世紀初頭の西ヨーロッパという地域から自然《じねん》的に生まれた20世紀の文明であり、同じ宗教的世界観を共有する新世界（アメリカ）に展開したものである。世界の果て（極東）にある日本から見れば、この規範に包含される過程が近代である。建築における〈近代〉は遅れてきた植民地主義のようだ。世界は産業や生活様式、民主主義という規範の移入によって近代化されてきた。日本では、第二次世界大戦以前に産業は移入されていたが、生活様式と民主主義は選択的なものであった。だから当時は、モダニズム建築を情報としては移入していても、社会は受け入れていない。１９４５年の敗戦後、まずは制度的に民主主義という政治システムが移入され、それを社会に定着させる近代的生活様式が導入される。そこで民主主義を表現する空間言語としてモダニズム建築が採用され、前川國男や坂倉準三という、モダニズムの中心的概念を創造したル・コルビュジエに学んだ建築家や、その理念を継承する丹下健三が登用され、国家の形をつくる仕事に従事した。１９６０年に日本から発信したメタボリズムも、ＣＩＡＭを解体に持ち込んだチームＸの運動《テン》に連動したものとみれば、それはヨーロッパの〈近代〉という運動と同調したものであり、さらには、その借用であった。この文明の領主はやはり西欧なのだ。しかし、その西欧社会においても１９６０年代後半は、自らの近代主義を乗り越えようとする運動が起こっており、建築の世界ではクリストファー・アレグザンダーやロバート・ヴェンチューリなどから、近代を乗り越える端緒を示す重要な論文が提出されている。

１９６８年から始まる

時代感覚のまとまりは、当然なのだが社会の変容と連動している。１９６８年という年は、建築だけではなく文化的意味においても、近代主義に対する異議申し立ての世界的な変節のときであった。社会システムを変革しようとする運動が、世界で同時多発的に起こっていた。１９６８

年5月、パリに始まる学生を中心とした革命運動は都市の一部を占拠し解放区とする闘争戦略をとるのであるが、その運動はヨーロッパの各都市に展開していた。運動の出自は異なるが、アメリカでは公民権運動として学生、マイノリティを中心に、体制に対する抗議運動が行われた。面白いことに社会制度の異なる中国でも、同時期に体制側が仕掛けた「文化大革命」という、若年の紅衛兵を使った社会改革が行われていた。革命という言葉があたりまえのように感じられる時代であった。日本でも学生を中心とした抗議活動が頻発し、都市の一部を占拠したり、東大の安田講堂占拠などが行われた。これは社会を管理する側に対する抵抗運動なのだが、解放区という空間の占有を求める闘争戦略には、都市空間こそが権力を表象する端末であるという、シチュアシオニストの思想的影響があったことは後に知ることになる。

この時代は日本では、第二次世界大戦敗戦後に制度的に移入された、民主主義や近代的生活様式がしだいに定着し、産業構造がそれを乗り越えてしまっていた。高度成長期に生産施設が拡充し、世界で最も洗練された工業技術をもつ国となっていた。そこでは、演劇、アート、デザインなどに、ヨーロッパを出自とする「近代」を乗り越える、日本独自の表現文化が沸き立つように登場した。寺山修司、荒川修作、倉俣史朗、三宅一生、武満徹、横尾忠則など、各分野に発言力のある文化的リーダーが登場し、その活動を評価し批評を行う思想家、吉本隆明、多木浩二などが存在した。またその状況を社会に伝える多様な雑誌など、メディアが活発に活動していた。新しい世界は多数の多様なアクティビティが同調して外形がつくられる。近代のシステムが社会を

Fig.2:『建築の解体』鹿島出版会、1997、表紙（1975年美術出版社刊の復刻版）

抑圧するようにはたらいているなかで、それと同時に巨大化した資本のなかで宙吊りにされた解放区のような文化的空間が出現していたのだ。1968年は、日本の国民総生産（GNP）が世界で第2位となり、経済的に豊かな国へと離陸したときでもあった。

その頃、建築を学び始めたばかりの若年の私は、1969年から『美術手帖』で始まった「建築の解体」という磯崎新の連載を読んで、建築という世界が文化的運動であることを知る。それは、当時の私の周辺にあった学生闘争の革命的言説と連動しているように感じられた。その内容は、それまでの日本の建築界を主導していたメンバーに引導を渡し、舞台の主役が入れ替わることを示しているようにも読めた。また、1968年に創刊された『都市住宅』は、それまでの枠組みとは異なる建築世界を伝えるメディアだったのだが、学生闘争で大学がロックアウトされていたこともあり、学生たちはこの雑誌を通して建築の知識を吸収していた。この『都市住宅』の表紙の企画を磯崎新と杉浦康平が毎月担当していて、それは、バリケードのなかにいる学生たちに向けた戦闘的アジテーション＝建築的マニフェストを示すポスターのようでもあり、同時に、ル・コルビュジエが建築家として登場する前に、自らの建築思想を主張した1920年代の雑誌『エスプリ・ヌーボー』を想起させるものでもあった。当時、建築を学ぶものは皆、この磯崎のマニフェストに大きく影響を受けていた。この時代の日本の建築世界では、圧倒的な説得力をもった言説が磯崎によって展開されていた。そして1970年に、この革命劇の大団円のように大阪で日本万国博覧会（大阪万博）が開催される。おそらくこの1968年から70年にかけてひとつの時代が終わり、次の時代に飛び込む臨界面があったように思える。

1970年代の日本は経済的に豊かな時代を迎えた。それまでは建物をつくるという行為は特権階級にしかできなかったが、ある意味で市民が建物を建てられる社会になっていた。それは第一次世界大戦後のヨーロッパで豊かな市民階層が登場し、実験的な建築の設計を建築家に依頼したのと似て、さほど実績のない若い建築家に住宅を依頼するという環境が生まれた。1960年代後半の世界的な近代主義への異議申し立ての文脈を受けて、「それ以前」を切断する建築的冒険が始まるのであるが、それはそれを支える社会の存在があり、新しい社会をつくるクライアントが存在したからである。社会を管理する側ではなく、高い文化意識をもった市民の社会的表現としての建築がつくられるようになっていた。豊かな経済環境と多様な文化的背景のなかで先鋭化された建築が生産される。

現在という視点から見てみると、そこでは、その当時の西欧の建築運動からは切り離され、自律した独特の建築が展開されていたようにみえる。情報の伝達が現代ほどスムーズではなく、日本の置かれていた状況は世界の周縁であった。そこで展開されていた建築は実験的な自閉したアートオブジェのような小住宅や、周辺の木造住宅とは切り離されたコンクリートのボックスであったりする。この差異を競うような不思議な小住宅がつくられた背景には、それを産み出した社会構造がある。高度経済成長のなかで急激な都市化を迎え、敷地が細分化され小さくなりながらも戸建て住宅が建てられたものの、このような急激な都市状況の変化に対応する住宅のモデルが存在していなかった。そして、土地を所有する者の最大限の自由が認められる法制度のなかで、高密の都市に住まうという都市型戸建て住宅のモデルが建築家によって開発され、この創造的な都市型住宅を依頼できる豊かなクライアントが存在していた。この社会状況に対応して『都市住宅』という雑誌がつくられたのだ。新しい製品を競うかのように小さな都市住宅が開発され、雑誌に発表され、スター誕生のように若い建築家が顔写真付きで紹介されていた。建築メディアは新奇な建築をつくる若手の建築家を発掘し、それを市場に送り出しデビューさせる。建築家が作家として扱われ作品をつくりだす。こんな手続きで日本では建築家という職能のイメージがつくられたのではないか。その構造のなかで、建築家には話題になることが求められる。社会の規範を破り、枠組みを乗り越える創造的なアーティストであることが求められていた。

建築はスタイル（様式）なのか

1970年代の日本の建築状況は、2014年の第14回ヴェネツィア・ビエンナーレ国際建築展の日本館で的確にレポートされている。コミッショナーを務めた太田佳代子は、この時代だけに焦点を当てることで日本社会の「近代化の吸収」を示そうとしている（本書I-5の「レムからのメッセージ」参照）。1970年代の日本の社会で起きたモダニズムを乗り越えようとする建築的冒険は、ポストモダニズムという世界の時代潮流のなかにしだいに飲み込まれていく。1977年にチャールズ・ジェンクスの『ポスト・モダニズムの建築言語』（邦訳＝竹山実訳、エー・アンド・ユー、1978）によってその概念が示されたが、1980年の第1回ヴェネツィア・ビエンナーレ国際建築展は、ディレクターのパオロ・ポルトゲージが「過去の現前」というテーマを掲げ、時代を先に進めようとするモダニズムに抵抗する歴史主義を表明する。この「過去の現前」というビエンナーレの展示によって新しい時代に過去を持ち込むモダン／ポストモダンの臨界面が視覚化されたのである。

それに参加していた建築家はアルド・ロッシ、フランク・ゲーリー、レム・コールハース、磯崎新、ロバート・ヴェンチューリなどである。そのスター建築家によるインスタレーションをアートオブジェクトのように並べ、新しい概念であるポストモダニズムという建築表現を展示するものであった。「ストラーダ・ノヴィッシマ（最新の街路）」という展示の方法は、まるで商店街をウィンドウショッピングするように、建築的インスタレーションを新作の表現＝モード（流行）のように陳列していた。この展覧会のタイトルを“La Strada Novissima”とすることで、誰も見たことのない「最も新しい潮流」であるということ標榜する意図があったのではないか。「過去の現前」という過去に向かうマニフェストを抱えながら、それが最も新しいのだとする主張がそこに示されている。それは、建築は新しさに価値のあるモード（流行）であると宣言しているようにも思えるのだ。産業や生活様式、政治など堅苦しい背景をもつモダニズムという建築運動は、ここでモードという軽いものに置き換えられた。家電製品や自動車が、たいした技術的革新がなくても表面的に新型の製品を生産して消費欲を産み出すように、建築も消費される「モード」として扱われる。ポストモダニズムの背景には建築を文化的、歴史的に社会や地域に定着させようとするコンテクスチュアリズムという概念があるのだが、一方で経済活動として扱いやすいモードとする動きがあり、それは表層の表現の問題に置き換えられていった。

1989年、ベルリンの壁が崩壊する。同じ年に中国でも民主化を求める学生たちが中心となった天安門事件が起きている。そして、1991年にソヴィエト連邦が崩壊し、共産主義は終焉を迎えた。アメリカ一国の覇権体制が始まる。資本主義は対抗する原理が不在となり、アメリカの巨大資本が世界中に自由に資本を移動させて利益を得るというグローバリズム経済が始まる。資本の暴走が始まるのだ。日本ではこの間、1991年に、バブル崩壊という経済クラッシュを経験する。表現としてのポストモダニズムの終焉はこのバブル崩壊と完全にリンクする。

1989年／1991年という時代の臨界を経験して、ポストモダニズムの歴史主義は乗り越えられるのであるが、その直前1988年に「デコンストラクティビスト・アーキテクチャー」展という展覧会をMoMAが仕掛けている。それは賞味期限が切れてきたポストモダニズムを表層ではなく構造的な（物的にではなく思想のなかで）イデオロギーへの変換を狙ったもので、ジャック・デリダの「脱構築」という哲学概念を建築に即物的に援用したものである。ピーター・アイゼンマンをはじめとしてフランク・ゲーリーやザハ・ハディドなどが参加している。インターナショナル・スタイルという現代建築の様式を決定的にした1932年の「モダン・アーキテクチャー」展のように、MoMAのキュレーターが仕掛けた新しい建築表現の戦略であった。それは歴史主義という退行するアイデアではなく未来に投企するように新奇な形態を打ち出した、暴力性さえ感じる新しいモードとしての建築表現であった。ゲーリーやザハのアートオブジェクトのような建築の社会的位置づけを示していたが、すでにMoMAの仕掛けでは世界は動かない。

隈研吾の《M2》はある自動車メーカーの東京拠点をつくるというプロジェクトで、広告代理店が3つの若手の事務所のコンペにしたものであった。そのコンペに勝った隈の案は、歴史主義をさらに「脱構築」させた様式の廃墟というスタイルであり、それはポストモダンを極限まで持ち込んだ流行の最先端の建築表現だった。そのドローイングで示されていた建物は出来上がると世界で大きな話題になる思っていたが、竣工したときにはバブル経済が崩壊し、同時に商業主義に利用されていたポストモダニズムは突然終焉する。瞬時に時代遅れと感じられたのは建築がモードとして捉えられている証しである。《M2》は急激な時代の動きのなかで取り残されたピエロのように惨めであった。時代の動きはこのような残酷なこともする。この1989年／1991年は時代の臨界である。ここで「それ以前とその後」という引き裂かれた感覚を私たちは味わった。

主題の不在

1990年代は資本の独裁が進行するなかで、建築は政治でも文化の表象でもなく、実利を求める経済活動との関係を強めていく。政治的には資本主義に対抗するイデオロギーがなくなり、社会は平板化し新しい状況は産み出さない。コンピュータを用いる情報技術が急激に拡張し、情報の民主化が進行する。磯崎新とピーター・アイゼンマンらが仕掛ける「ANY会議」が1991年から10年間、毎年Anyという接頭語をもつテーマで討議が行われ、その内容が出版され、雑誌が発行された。それはAnyというタームが示唆しているように新しい特異点がどこにもないことを示しているようにも思えた。そして、1995年には「ライト・コンストラクション」展などをMoMAが仕掛けたが、新しい潮流を起こすことはなかった。建築はモードであるとしても、消費される単純な商品ではない。

このような表層の表現形式ではない、いわば建築の本来的な姿を求める運動として、ヨーロッパでは環境対応建築の登場があり、日本では計画学が規定していたビルディングタイプの乗り越えがあった。戦後の復興期から始まるビルディングタイプの研究は、民主主義という政治イデオロギーのなかで、どこでも平等に同じサービスが受けられる公共施設の開発を行ってきた。そこではサービスの均一性が優先され、空間を使用する人間の側への配慮が乏しい管理空間となっていた。経済的に豊かな社会になっても、管理側の論理でつくられるこの公共施設のビルディングタイプは、発注者が管理側にあるため変更されない。そのため公共建築は地域のトーテムとしての公共建築様式を自動的につくりだしており、日本の風景は多様性を失った。ビルディングタイプの乗り越えは、公共建築を利用者サイドに立ったプログラムの問題に転換しようとする試みである。

1995年に竣工しているシーラカンスの《打瀬小学校》、そして私が共同で設計していた《白石第二小学校》（1996）は、ともに教育を受ける生徒の側から空間を組み立てることで新しい学校の空間構造を獲得しようとしている。同時期に提出された青木淳の「動線体」という概念では、さらに機能空間の配置というプログラムさえも解体しようと試みる。機能が特定された空間と空間をつなぐ動線ではなく、連続する動線体のなかに機能を発生させるという倒立が行われる。さらに、住宅では世帯人数が急激に減っていくことで、機能別空間に区画され並べられたnLDKという空間形式ではなく、大きなワンルームになる。集合住宅もこのワンルームの集合という単純な形式に還元される。社会様態の変容によって、それを対象とする学問領域からそれまでの主題が消えてしまうのである。

情報の民主化、経済の民主化、そして空間の民主化

都市はその大部分を匿名的な住居である都市組織と、都市の現れ方を決定する象徴的建築に

よって構成されている。歴史的にみると、この象徴的建築は少数の権力をもつ者によって決定されてきた。その建築は宗教や政治という目には見えない権力を、あたかもそれが実在するかのように人々に表示するメディアとして使われていた。そして現代では、都市を支配する資本権力がCBD（中枢業務地区）や商業コアの建築を決定し、都市の現れ方に大きく影響を与えている。人々はこの象徴的建築によって活動を制御され抑圧を受けているのだ。

民主化された情報社会では大きなモードは生まれにくくなり、コントロールのできない多様な変化の方向が現れる。建築は民主化した経済活動の動向に容易に変化を受ける。このような社会では建築や都市そのものが資本の投機対象となる。20世紀末、東京ではスーパーブランドの広告塔としての建築（DUCK）が立ち並び、都市開発や建築物もファンドマネーを集める金融商品として扱われるようになる。民主化された資本構造が匿名的な建築のクライアント（REIT）を登場させ、建築の動向を支配するようになっている。そこでは建築は投資の安全性を高めるスペックが要求され、建築物のありようを決める事項が建築の文化的思想とは無関係となっている。資本や情報が極度に民主化されたアメリカでは、建築は市場のなかで交換可能な金融商品として扱われ、資本構造によって性能の保証された開発を要求される。建築や都市は生活する人々のためではなく、投資家の資金を集める道具となった。これまでと異なるメカニズムでつくられるようになっているのだ。

たとえば、環境対応を厳しく追求するという姿勢は未来的なのだが、最先端の環境対応を施すことが投資対象としての価値を上げるものと考えられ、高い環境評価のポイントを獲得するために重装備の環境装置を導入する。ところがその過剰な建築物の建設行為そのものが環境破壊を起こしている、という矛盾が生まれている。現代は、建築が経済活動のなかにあると認識されている。その意味では私たちはポストモダニズムの構図のなかにあるのだが、1980年代のポストモダニズムでは建築は表層の表現＝モードとして扱われていたのに対し、現在は、投資対象の物件として安心安全や環境対応など付着技術が要求された商品になっている。この構図はモードや商品にかかわる弁証法的超越をもたらしているのかもしれない。この傾向が先鋭化しているアメリカでは建築文化をリードする人々はもはや存在しない。建築文化を支えていたメディアも存在しないのかもしれない。そこでは、建築はもはや文化的存在ではなく経済活動なのだ。

コモンズに対応する建築

もうひとつ、社会の民主化に向かう注目すべき建築の動向がある。意思決定が多数で行われる民主化した社会に対応する建築は、空間のあり方が社会に対して説明可能な開かれたプログラムをもつ必要があると考える建築の態度である。この建築は権力表象ではない民主的社会を表象しようとする。空間の使用者の自由を最大化することを目的とするため、建築ではメッセージを伝える表象記号は消失する。建築は物質なのでどのように記号的表現を消去しても物質性は残る。

その逃げられない構造を自覚的にデザインすることで新しい表現が生まれている。そこでは表現をミニマルにしようとする傾向のみられる建築がある。

20世紀末のレム・コールハースの建築をみていると、発注するクライアントが変化しているという時代感覚をもっているようにみえる。それは、近年のモダニズムを牽引している「資本権力（マーケット）」から、市民社会そのものである「匿名的大衆（コモンズ）」への移行だ。もちろん現実には発注者は美術館や図書館という公共建築なので、発注する行政機関が表面上の発注主（クライアント）である。しかし、真のクライアントである、その空間を利用する者の民主的な理解を得るような方法が意識的にとられている。その空間は具体的だ。メタファーや個人的幻想はそこには持ち込まれない。リサーチに基づくダイアグラムが描かれ、それを明示しながら誰でもが了解できる空間構成を示す。それが民主的な建築なのだ。それを最初に見たのはロッテルダムの《クンストハル美術館》（1992）なのだが、そこでダイアグラム化された空間がまったく新しい体験をさせてくれることを知った。個人の造形力とか美学的問題からつくられるのではない、さらに突き抜けた即物性を感じた。そしてそのモノの配置（構造の選択、空間の関係のつけ方、そのボリューム、素材の選択、照明器具の置き方など）によって、空間を使用する〈私〉が、この空間の主人公だと言っているようにみえる。このレムの試みが最も成功しているのはシアトルにある《公立中央図書館》（2004）だ。ホームレスも排除しないというこの空間は、空間を使う者が主人公であるという民主的な社会を象徴する公園のような建築となっている。

日本では同じ時期につくられている《せんだいメディアテーク》(伊東豊雄、2001)や《横浜港大桟橋国際客船ターミナル》(アレハンドロ・ザエラ・ポロ、2003)の空間構成に同じ思想があることが読み取れる。

建築は時代を標示する

2008年、アメリカで起きた返済能力の低い人に貸しつける住宅ローンの破綻から世界的規模での金融危機となった。サブプライムローンという民主化された資本システムは誰も責任をとらないアナーキーな世界をいつのまにかつくりあげていた。このような資本の民主化は、ドバイでは人が住むための集合住宅ではなく、世界から資本を呼び込むための投機物件として最先端のスタイルをもつ建築が建てられるという構図を生み出している。

2011年東日本大震災では、人々の生活の場を支えていた家が流されるのを見た。時代の移ろいのなかで、建築という役割も移行する。レム・コールハースがヴェネツィア・ビエンナーレで提示した建築のモダニズム(1914-2014)は歴史的にみても建築家という「個人」が屹立した特異な時代であったように思える。20世紀は「切断」の世紀であると言われる。時代を切断する事件がいくつも存在し、イデオロギーの抗争があった。社会を引きちぎるような運動のなかで、建築はその社会を表示する役割が与えられていた。形の創造力という個人の能力に過大に加担した時代であった。レムが表明するように、表現する個人としての建築家を要求した時代が終焉するのかもしれない。

その100年は人類史上圧倒的なエネルギーを消費し地球環境を蕩尽した「資本主義」という欲望の原理が暴走した時代である。そして、この「資本主義」という社会システムの矛盾が顕在し、人々はそれに覚醒している。建築家とはこの「資本主義」に奉仕する存在なのか。または、現在の「資本主義」を補完する新しい社会システムが登場するとしたならば、建築家はそこでどのような貢献ができるのであろうか。

公共政策が専門である広井良典が「定常型社会」という言葉で今の時代を表現している。日本の人口はピークを打ち漸減している。そのなかでも都市化は進行し都市人口は微増しているものの、地方では急激な人口減少が始まっている。そこに都市と地方の関係が大きな問題として見えてくる。この人口変動は家族の構成を変化させており、家族という概念が変わっている。住居の単身世帯が25%を超え、住居とそれを使う住まい手の間に大きな乖離が生まれている。全国の住居のうち8軒に1軒は空き家であり、さらに増加している。これまでの拡張拡大する社会ではない、定常型の社会をどうデザインするのか問われている。建築家とは社会のなかにある目には見えない要請を空間という言語で実体化してきた。宗教的な要請や政治的要請においても同様である。20世紀末では資本が要請する空間やシンボル開発が表現の場であったが、縮減する社会のなかではそれとは異なる空間のあり方が要請されている。今、縮減することによって生まれる豊かな社会を目に見えるものとして実体化させる作業が行われている。そこでは、自然環境と協働する人工環境、生活と産業が協働する空間構成、新しい共同体を支える空間などがその現場である。また単体の建築という表現ではない地域やエネルギーにまで拡張するアイデアが表現されている。

建築家とは本来的に社会に貢献することが職能であり、自らの生きる社会に何か贈り物を置くように仕事をしていたはずである。特定の権力に奉仕するという20世紀の建築家はこの時代独特の職能であったのではないか。ウィトルウィウスの建築書に建築家の職能が記されているが、それは世界にある様々な知を網羅して、実体としての社会を構築する工作人である。建築家とは信頼できる未来があるということを空間というメディアで標記する、そんな職能だ。

建築とは社会と伴走するものである。社会と関係をもたない建築はアートオブジェクト（人工物）でしかない。次に来たるべき社会との臨界面をつくるとき、その建築は未来社会を予告する標示となる。建築家の活動とはこの臨界面を形成しようとする果てしない行為である。それを自覚しない建築家はただ現実の社会と乖離する意味のないオブジェクトを生産していると言えるのかもしれない。この人々が生きてよかったと思える空間体験を与える建築を「社会に生きる建築」とするならば、建築とは空間の政治であり、制度であり、思想なのだ。

［2014.10/2017.04追記］

第
1
部

切断

Fig.3：2014年ヴェネツィア・ビエンナーレ会場

人は変化の只中にいるときはその変化を感知することはできない。切断の前の事物と、切断の後の事物が同時に眼前の世界に並存しており、それが引きちぎられるように移動していくのだが、その移動は人間の生活スケールに比べるとあまりに緩慢なので人はそれを気づくことはない。

思想史家の塚原史は『言葉のアヴァンギャルド』（1994）のなかでヨーロッパの前衛芸術＝未来派、ダダ、初期シュルレアリスムに焦点を当てながら、「20世紀的なもの」を出現させた1909年から1924年までに起こる「切断」の意識を浮き上がらせる。建築のモダニズムも、この「切断」によって前の時間から切り離され浮上している。ミッシェル・ロカールはベルリンの壁崩壊の翌年に「歴史家たちは、20世紀が1914年に始まったとわれわれに教えた。おそらく彼らは、やがてわれわれにこういうだろう、1989年は21世紀への入り口の年であった」と発言している。ヨーロッパの世界に住むものにとっては、共時的時間の進行は自然に受け止められているようである。

2014年のヴェネツィア・ビエンナーレ国際建築展のディレクターを務めたレム・コールハースは展覧会テーマを「近代化の吸収――1914－2014」とし、世界各国のパビリオンに各国がヨーロッパに始まる「近代」を、どのように吸収したかというテーマでの展示を要請した。その要請には文明の中心にヨーロッパがあるという、ユーロセントリズムの意識があることがわかる。世界の時計はヨーロッパにあるのだ。このレム・コールハースとミッシェル・ロカールの示す年の間から、21世紀に入る「切断」は、1989－2014年なのかもしれない。この論考集に載せた文章のほとんどはこの時期に書いている。ということは、ここで扱う文章はすべて「切断」の意識のなかで書かれたものである。世界は多様な時計を持ち始めていて、2011年の3・11以降、日本という国のなかでは意識は次の世界に移行したようにも思える。ただし、只中にいるものにはそれは見えない。

1　建築は消える

この時代の只中にいる私たちには定かに知覚するのは困難であるが、後年の歴史家には、私たちの時代は変革の時代と記されるのかもしれない。意識の革命は瞬時になされるものではなく、人の生きる時間のなかでは緩やかな変化としか認識できないものである。

西欧の近代はいくつもの切断によって成立した。その中でも決定的なひとつは200年ほど前、フランスでまさに国王の首を切断した革命によってもたらされたものである。それは普遍的な人間という概念であり、それが王制という制度、社会システムを決定的に転換してしまう。もうひとつは20世紀の初頭、言語の世界で行われた意味作用という言語の切断である。人の意識において意味のシステムから差異のシステムへの転回が行われたのだが、それは建築において機能による空間のアーティキュレーションと、その関係性というまったく新しい次元を持ち込んでしまった。ふたつの切断の間にある産業革命は、人間を生産の場から切断したことになるのであろう。そこに都市労働者の出現があり、ベンヤミンの描くパリの原風景がある。産業革命による大量生産と大量消費は廉価な鉄やガラスを生み出し、近代建築を物的に支えることとなる。そこで、西欧において近代建築を成立させているのは歴史的な段階を経て到達したモダニズムという社会的なムーブメントであった。ということは、社会における物的、制度的、人の意識などの初期与件の切断による変革が、近代建築の成立基盤であり、現代の建築のあり様を規定しているのだ。20世紀は与件の組み換えによってそれ以前とはまったく異なった建築を生み出したのだ。とはいえ、２００年ほど前に行われた切断、人民革命は、王権という制度への闘争であったが、それは国民国家という制度にすりかえられ、20世紀初頭の言語という制度への闘争もイデオロギーという新たな「言語」の制度に収奪されてしまった。結局、産業革命というモノにかかわる革命だけが劇的に成就され、現在の私たちの価値観を決定づけている。安くて良いものという商品に与えられた価値には地理的制約や国家という制度を乗り越えた普遍性が与えられ、経済原理があらゆる価値を支配している。近代建築が技術や効率を中心に語られるゆえんであろう。ここで重要なのは初期与件の組み換えによって今まで存在しなかった「建築」が出現したという点であり、近代建築は20世紀に行われた与件の組み換えの壮大な実験であったとみることである。

　現代が劇的な変革期だという指摘は、様々な領域から発言されている。国家概念やイデオロギーの解体、再編が進行し、多層にわたるパラダイムシフトのなかで、情報革命やコンピュータの技術進展がその転換の基礎を提供している。これはかつての産業革命とは異なる次元の変革だと言える。産業革命が道具の革新であったのに対し、今、私たちが遭遇している状況は人の意識にかかわる革新が同時にもたらされていると言える。これまでの切断をすべて飲み込むような社会における物的、制度的、そして人の意識にかかわる変革を包括的に進行させるものである。過去の2度にわたる切断において、かならずしも成功したとは言えない制度の改変や解体が、すみやかに進行しつつあるとみることができる。

大量生産、大量消費というマスに対応した論理の有効性に限界がみえ、規模の果てしない拡大の時代は終焉した。産業世界ではコンピュータによって効率を下げることなく少量多品種の対応が可能となっている。そして、コンピュータによる生産管理によって消費の世界はより個別の欲望に対応している。ここでは個の意識が顕在化されていることが重要な変革として捉えられる。あきらめにも似た大量消費物に押し流されることはもはやない。安くて性能がよいというだけの製品が市場で勝利する時代は終わったのだ。そのような流れのなかで、集団を管理するための計画理念そのものが変更を要請されている。同時に情報のネットワーク化や双方向通信の容易化は地理的に閉じたシステムの存在を無効にしている。集団の管理や閉じたシステムとは社会制度に対応するものとみてよい。このような価値体系の変更は直接的に私たちの生活を変更する可能性をもっている。過度に集積した都市が分散し、人間的生活環境を取り戻すことを可能にするであろうし、国家という枠組みを越えた都市の選択も制度の変更によって可能となる。

建築の世界においては建築を成立させていた基底が社会の移行にともないシフトしつつあり、それを読み取ることで初期与件の組み換えが行われている。建築が対応してきた制度自体、社会がつくりだした壮大な虚構であるという認識は、制度を視覚化する装置としての建築の存在を消去する可能性がある。共同体の意識の変革にともない微妙なズレが顕在化している公共建築。共同体の成員が誰も支持しない空虚な広場やホール。管理側の論理だけでつくられる学校。事業者の効率だけで組み立てられる産業施設。そして家族生活とは無関係にマーケットの論理でつくられる商品化住宅など。足元をすくわれたまま、頭のない巨人がオートマティカルに建築を生産し続ける。

いずれにせよ建築における与件の組み換えは、建築を超えた社会制度のシステムの改編を待たなければ移行できない。しかし、近代建築がそうであったように、社会のなかに遍在する与件のドラスティックな変更は建築のあり様も劇的に変えてしまうことを予見させる。制度の解体とそれにともなう個に対する最大限の自由の保証は、表層においてはカオスを形成しながら、新たな形式の秩序をもつことになるであろう。そして、建築においては、それらは平面の無限定や視覚的透明性とは異なる空間の透明性をもたらすと思う。

これまでの建築を支えてきた価値が変化している。その意味において既存の制度下にある建築は消える。フロムやリースマンの描く社会的退行がないとすればであるが。

［1994.05］

2　電信柱がなくなる日

メコンデルタの運河を船で巡ったことがある。船で走っている間は気づかなかったのだが、鳥瞰してみると、この運河はパリの道路パターンと同様の放射状パターンとなっている、これはここが仏領インドシナであった頃、米作のプランテーションを効率よく運営するための壮大なインフラとして造営されたからである。この運河網は植民地支配が終了しても、この地の主要な交通インフラとしてそのまま利用されている。幅員の広い運河から小さな支線に入ると住居の並ぶ運河となる。日中は熱帯のジャングルの木立がスクリーンとなって気づかないのだが、日が暮れてくると、運河の両岸のジャングルに青く光るブラウン管が点々と幻想的に浮かび上がる。後で知るのだが、ここでは自動車のバッテリーを毎日充電してテレビを見ている。

20世紀の最後の年となる2000年、ドイツ政府は原子力発電所の計画をすべて凍結し、既存の発電所も漸次廃炉するという決定をした。20世紀の人類が到達した巨大技術の成果を利用価値がないとする判断は、政治的イデオロギーによる結論というよりは、単純にペイしないということであるように思える。その巨大技術ではなく、他の複数の選択肢をこれからのエネルギー源とするほうが合理性があるという判断がそこにはある。

同じ頃、GEから燃料電池発電機が発売されるという小さなニュースが発表されている。この水素を燃料とする発電機のアイデアは19世紀にすでに提出されており、発電の結果排出されるのはH_2Oだけだから完全に無害なエネルギーである。1980年代に特許が公開され、20世紀最後の年に実用化のめどがついたそうである。この燃料電池発電機は家庭用の冷蔵庫くらいの大きさで2世帯分の発電量がある。これが本当に実用化されるのか私には判断できないが、原子力発電が原子核分裂でつくられた熱を蒸気に変えタービンを回して発電するという機械的ロスをもつのに対し、燃料電池発電機は電池内部でイオン化させた水素と空気中の酸素と反応させて電気をつくりだすため、燃料に対する効率は格段に高い。いずれにせよ、巨大な発電所でつくられた電気を壮大なロスを抱えながら配電するというシステムは、もっとスマートなローカルシステムに置換されることは自明である。

メコンデルタで見たように、21世紀は重たいインフラをもたない文明がスタートするかもしれない。都市の存在理由のひとつがインフラによる生活サポートであるとすれば、ローカルな軽いインフラによる生活サポートはコミュニティという社会の中間集団をエネルギーの側から定義づける。そのとき、都市形態を劇的に変換させる可能性がある。あるとき突然、電話線が不要になったように、日本の国土に巡らされた電線は不要のものとなる。私たち建築家を悩ます醜い電線と電信柱がなくなる日がくることになるのだ。

［2000.11］

3 未来の風景は建築がつくる

内藤廣の静かだが熱い文章を読み終わって、彼が文明について語りたいということがわかった。少し前に『建土築木（1・2）』（鹿島出版会、2006）というエッセイ集を送ってもらったのだが、「建築」と「土木」をかみ合わせたタイトルも粋なのだが、文章を楽しんで書いているのだろうか、あっという間に読んでしまった。一度、対談をしたときに彼の口述した言葉をテープ起こしした文章が、そのまま筋の通った文章となっていたのに驚いたことがある。彼は思いつきでは発話しない。発話をためらうようにしばらく沈黙し、おそらく自らが語ろうとした言葉が最後まで見えたとき初めて発話するようにみえる。

この特集では、概念を言語化するために慎重に言葉を選んでいるのがわかる。文章は『建土築木』のようには流れない。読み手にも相応の思考を要求する。彼は最大限の時間の大きさと空間の拡がりのなかで論を展開する。そして、言語の不確定性を承認しながらも、言語の指し示すものをさらに厳格に規定する。

僕は内藤と同じ年生まれだ。だから彼と同じ時間をこの国で過ごしている。この世代は2度の切断を経験している。切断という感覚は若い世代には理解できないかもしれないが、内藤が文中で何度も用いる「時代の潮目」のことだ。僕たちの世代は高校を卒業しようとする1968年をはさむ学生闘争の時期と、建築家として社会に乗り出そうとしていた1980年代後半のバブル期に「時代の潮目」を見ている。「時代の潮目」とはその前と後でパラダイムが明確に代わる、切断の経験である。僕たちは社会の虚構性が身体的に理解できている世代だと言えるのだ。

24歳のとき、『新建築』の「月評」で果敢に建築批評をする内藤廣という学生の存在を知った。同じ歳なのに何年も年長の人物のように感じたのを覚えている。1960年代半ばから始まる建築におけるモダニズム批判は、ちょうど僕たちが学生の頃にその方向性が見えてきていた。磯崎新の「建築の解体」によってカタログブックのようにその行き先がいくつも示され、それに呼応するように自意識を強く主張する作品群が当時の若手建築家たちによって発表される。その若手の作品を内藤廣という学生が批評をするのだ。その批評に強く反発する建築家のひとりが「まだ実作もない者には批判する資格がない」と糾弾すると、「いずれ時間が来れば必ず実作でお見せする」と内藤は反論している。

1968年の学生闘争は、パリのカルチェラタンで始まる五月革命を端緒とする世界的な革命闘争であった。第二次世界大戦の後、主要国では都市化の進行とともなって巨大な資本があらゆる事柄を支配していき、学生たちはその枠組みに組み込まれていく感覚をもち、その傾向に対して異議申し立てをしたのである。この「潮目」は単に学生の問題ではなく社会そのものの切断面でもあった。建築は社会的状況と連動している。1970年代前半の日本で展開されていた建築は、このモダニズム批判が主題となるのであるが、まだ学生であった内藤は、「月評」のなかでこのような建築の虚構性を厳しく批評していた。その後、《共生住居》（1984）と題した自邸で自らの立ち位置を明らかにする。限界に近いローコストでつくられたこの住宅は、考え抜かれた理性的な建築である。それは、モダニズムの初期の建築がもっていた倫理を感じさせる建築である。近代主義批判として過剰な自意識が表現される状況に対して、内藤はもう一度誠実にモダニズムの黎明期をトレースして見せることでそれに答えているように思えた。

1980年代後半、日本ではバブルと重なって建築におけるポストモダンという表現が支配的になってくる。ポストモダンとはモダニズム批判に対応する運動であり、あらゆる事柄を均質化するモダニズムに対抗して多様な個人を尊重しようとするものであった。1980年代後半、時代は巨大となった資本によって社会が支配されることが確実になっていた。建築もこの巨大な資本という権力に利用されやすい様態に変えられていったのである。建築におけるポストモダニズムはその本来的意味が捨象され、資本に奉仕する経済の便利な道具となっていた。ちょうどこの時期に内藤は《海の博物館》（1992）の仕事をしている。限界に近いローコストでつくられたというこの博物館は、自邸と同様理性的である。当時のポストモダン建築には経済的余剰が担保する遊戯性があるとすれば、この建築はそれとはまったく対称である経済的極限のなかで倫理的な構成を示していた。《海の博物館》がつくられていたこの時期も時代の潮目なのだが、1991年にバブル経済が崩壊するまでは誰も気づかない。バブル経済が崩壊したとたん資本という権力に奉仕していたポストモダン建築はその虚構性が一気に露呈し、姿を消してしまう。《共生住居》も《海の博物館》も「時代の潮目」に立つ仕事であったことが、今という時間距離をおいて理解できる。

時代の変化は人の知覚からはあまりに緩慢なので認識できない。その時代の只中にいる限り日常の連続でしかないのだ。時間を俯瞰して初めて見えるのだが、世界には何度も時代の潮目がある。内藤は冒頭で「二十世紀の建築とは何であったか、と問うことは、二十世紀とは何であったか、と問うことに等しい」という言葉から始める。内藤の文中にも引用される塚原史が『言葉のアヴァンギャルド——ダダと未来派の20世紀』（講談社現代新書、1994）のなかで、プルーストとマリネッティの言葉を引用しながら「こうして、20世紀初頭の10年ほどの時期には、人びとの想像力のベクトルが逆向きの2つの方向に分裂していたように感じられるのだが、それはあきらかに、この時期がある時代の終わりとつぎの時代の始まりの間に位置していたことの兆候だった」という文章で、ヨーロッパにおける時代の切断の感覚を記述している。そして、この社会の切断とともにヨーロッパで建築のモダニズムが誕生する。その後20世紀の「潮目」は、いつも生活世界を支配しようとする資本と、それに対抗する運動のあいだにあった。そのたびにこの資本権力は巨大となり、現在では国家や地域の枠組みも乗り越え、その存在を認識することさえ困難になっている。

「潮目」とは異なる運動で引き裂かれるような状態を示している。この特集はおそらく内藤の住宅に焦点を当てる企画だったのだと思われるが、内藤はこの誌面を使って「「土地」と「場所」」という議論を提出している。そしてこの議論の中核は「潮目」の話である。文中に「時代の潮目は変わりつつある」と何回か書かれるのだが、読み進めるなかでその「潮目」とは、「土地」という言葉に表象されるものと、「場所」という言葉に表象されるものであることがわかる。「土地」という言葉には資本の権力とつながる概念が与えられている。「土地」は資本の活動のための便利な道具であり、交換可能であり、それゆえ計量可能であるものと定義される。それに対して「場所」は計量不可能な文化そのものなのだろう。内藤の文章では意識的に使用していないようだが、ゲマインシャフトとゲゼルシャフトの二項対立のようにも読める。20世紀は「場所」を「土地」に置換してきたという主張は、20世紀とは文明が資本という権力に絡め取られてきた世紀であったということなのだろう。そして、私たちの眼前に風景として出現しているものは、その置換運動の結果生まれたものであるとする。さらに「場所」と「土地」という言葉が表象するふたつの引き裂かれた状況を「場所（人、空間、街、風景）」と「土地（人間、建物、都市、景観）」という語群を用い、前者を「故郷」、後者を「国家」に接続する概念であると規定する。そして内藤は「建築」とはこのような概念を変換させる装置＝「抽象的な価値と具象的な価値を橋渡しする構成的な意志」であるとする。

僕はこの社会は状況でしかなく、この状況を形あるものに指し示す＝言分《ことわ》けすることが建築だと考えている。ことわけされる以前の世界とは言語化される前の世界である。建築とはその未分化な世界を分節し読み取り可能にするものだ。この世界は虚構である。だから資本という変数によって容易に社会は変換し、その状況を建築が指し示していたように思える。しかし、内藤が言うように「建築」というものが主体的に社会を変換させる装置であるとするならば、20世紀はこの建築によって「故郷」という状況が「国家」という状況に変えられたということになる。そして21世紀は同様にその「建築」という変換装置によって新しい言葉を必要とする状況をつくりだすことになるのかもしれない。この世界は虚構性をもつゆえにナイーブである。かつてエーリッヒ・フロムがファシズムの台頭を描いたように、最も進んだ民主主義社会が全体主義社会へ転換する兆候が指摘されている。同様に内藤が危惧するように「故郷」という言葉はロマン主義的なナショナリズムを喚起させ、「国家」という言葉は幻想的共同体をイメージさせる。

世界はいつも引き裂かれ、切断されながら変化を続ける。建築物はその変化の時間を超えて存在し続ける。だから、「建築」とは未来に投企されている事象だ。ただ、未来は固定できない。内藤が言う農本主義的な風景こそが好ましいとは僕は思わないし、目の前にある情けない「風景」にも三分の理があるようにも思える。すべてが否定されるものでもなくまた肯定されるものでもない。未来はダイナミックだ。そして「建築」とはそんな未来を指し示す理性的な手段なのだ。建築家とは過去の意図を読み取り、未来の「風景」をつくるプログラムを提示しているのだから。

［2007.07］

4 潮目を読む者は誰なのか

２００８年のリーマンショック後、「建築家と社会の構図」という緊急アンケートが『新建築』誌から出され、そのアンケートの集計が２００９年4月号の巻頭で掲載された。

アンケートからは建築を設計する最前線で大きな地殻変動が起こっていることが読み取れる。何らかの事業を企図するということは、この現実の社会に対して行うある方向性をもつ未来に向けた動作なのだから、これはこれから始まる世界を示唆している。それぞれの建築家の見ている世界も多様だ。しかし、一様に時代の困難を強く観察している。確かに床を割ったように崩れ落ちる眼前の社会システムからは次の海図は見えてこない。だからこそ新しい床を構想すればよいのだ。こんな時代こそ次の社会を切り開く概念が生み出される。

アンケートを読み進めるなかで、昔読んだレイナー・バンハムの『第一機械時代の理論とデザイン』（1960／以下、『第一機械時代』）にイメージをダブらせていた。その本は19世紀末エコール・デ・ボザールの建築から始まる近代建築成立を細述する歴史書なのだが、パラダイムが入れ替わる切断面を描写した本としても読める。パラディオ以降、数百年間にわたって誰も疑わなかった西ヨーロッパにあった「アーキテクチャー」という概念が崩れ落ち、市民勢力を中心とする新しい社会システムに対応する建築が創造された。西ヨーロッパの20世紀初頭は、このふたつの世界が並立して存在していた時代である。その只中にいた人は、引きちぎられていくような感覚があったのではないか。そして、現在の状況は、この『第一機械時代』に描かれるパラダイムが入れ替わる切断面と似た構図をもっているように思えたのである。

これまでの世界とこれから始まる世界を同時に見るような潮目である。『第一機械時代』のなかでは、論を展開する狂言回しとしてル・コルビュジエが使われる。おそらく、建築が両義的な価値観をもっていた時代に、未来に移っていく新しい建築という概念をル・コルビュジエは見ていたからだ。《ヴィラ・サボワ》が竣工する2年前、1929年は世界大恐慌の年だ。『第一機械時代』は20世紀の半ばに書かれているのだが、その後、世界は増殖する資本の原理によって支配され、建築、都市という概念はその資本に適応するように組み換えられてきた。バンハムの指摘する合理的精神は効率に置き換えられ、さらに巨大化した資本のもとで、建築は投機的資金を集めるアイコンであることが要求され、さらに新奇性のあるファッションであることが求められていた。

しかし、アンケートではまちづくりや市民参加型ワークショップへの積極的参画など、新しく台頭するコモンズへの対応を探る世界もみえている。現代はマーケットとコモンズの抗争の時代なのだ。21世紀初頭、巨大化し制御不能になった資本主義経済はクラッシュし、世界は100年に一度の大恐慌であると言われる。そこでは大きなパラダイムの転換が進行している。20世紀初頭のル・コルビュジエのようにこの潮目を読む者は誰なのか。建築というものは資本に対応するファッションであるのか、それとも社会システムの様相を表象する「様式」であるのか。新しい建築は出現するのであろうか。

〔2009.04〕

5　レムからのメッセージ

2014年の第14回ヴェネツィア・ビエンナーレ国際建築展は、建築世界にとって革命的なメッセージが伝えられるのではないか、という期待にあふれていた。総合ディレクターに選ばれたレム・コールハースが1年以上前からビエンナーレの大胆な改革を企図しており、同時に「建築」という概念そのものの変更を求めるものであったからである。

レムから各国のビエンナーレを担当する事務局にメッセージが送られており、その内容は「建築家ではなく建築のためのビエンナーレである」というものだった。これは、これまでは建築家を作家とみなして招待し、それぞれにインスタレーションを依頼していたのをやめるということである。建築はアートではない。その表現を競うことに意味はないと主張しているように思えた。「過去100年に起こった各国の建築の変容を、ビエンナーレを挙げて追求する。各国館には、このリサーチ・プロジェクトのよき一環となるよう、積極的な参画を求めたい」と続いた。これは、建築が時間の奥行きのなかで物理的そして文化的なコンテクストをもつものであり、その確認のために展覧会という形式を使ってリサーチを行うという主張である。そして、そこで目指すのは、「今日あたかも疲弊してしまったかのような建築の根本的な可能性とその豊かさを、ビエンナーレ会場全体を使って探り、理解することである」と書かれていた。

私は、このメッセージには100年続いた建築のモダニズムの終焉を暗示し、具体的には1980年にP・ポルトゲージが始めた建築ビエンナーレのあり方を変えるという意思を感じた。それは20世紀後期から始まったポストモダニズムと呼ばれる表層的な建築言語の使用期限が終わっていることの表明でもある。それはどのようにプレゼンテーションされるのであろうか。

日本館コミッショナーの選考

コミッショナーの選定は、注目すべき言説や建築家、建築関係者を挙げ、この人ならばこのようなプレゼンテーションができるのではないかを討議して候補者を挙げる。これまではヴェネツィアのビエンナーレ事務局からは、全体の方向性を示唆するような大きなテーマ設定はされても、パビリオンの展示内容、コンセプトは各国に委ねられていた。しかし今回、この「レムのメッセージ」によって選考会の道程は大きく歪む。1914年から始まる100年間のモダニズムの受容に関するリサーチの要請には、ユーロセントリズムの気配を感じて不快感を示す選考委員もいた。おそらく他の国でも同じような論議があったのではないかと思う。ともあれ、この「レムのメッセージ」を受けて6名の候補者がノミネートされ、2013年5月14日に6名の候補者が展示内容のプレゼンテーションを行い、その結果、太田佳代子がコミッショナーに選考された。

日本館は1956年に吉阪隆正の設計でつくられたもので、4本の壁柱で地上から持ち上げられたキューブのような建物である。太田の展示コンセプトは、この日本館の建物を高床の倉に見立て、「現代建築の倉」というタイトルで説明する。2階の展示室には、1914年から100年間の日本の近代建築を検証する事物が集められ、床下のピロティでは倉にある事物と連携して会期中継続したイベントが仕掛けられ、そこで生まれる新たな事物が倉に加えられるというものである。他の候補者の展示内容が完成されたスタティックなものが多かったなかで、太田の展示コンセプトは未完成でダイナミックなものであった。そして何よりもレム・コールハースの主宰するOMAのシンクタンク部門AMOのキュレーターであったという太田の経歴は、総合ディテクターであるレム・コールハースの意図する展覧会場全体が連動する壮大な試みに同調できる可能性が示されていた。

70年代は日本の切断面である

この選考会の時点では、1970年代を中心にして100年の歴史が詰まった倉となるということであったが、実際に展示されたもののほとんどが70年代の建築的事物であった。1970年代が日本建築の切断面であり、それを切り取って世界に提示することで現代の日本建築の成り立ちと、モダニズムという建築運動をリサーチするための良き史料になるという主張である。

展示室内は提案されていたとおり、倉のなかのようである。梱包を解かれたばかりのように木箱の上に様々なモノが一見無造作にばらまかれている。プレオープンぎりぎりに間に合った展示物もあるようで、おそらく会期中も出し入れされることが予感される。私は同時代的に当時の日本の建築世界を体験しているが、展示物はどれも懐かしく、また知識としては知っていたものがリアルな現物として再現してあるのに驚いた。私のような知識の背景をもっているものにとっては宝の山であるが、あまりにマニアックなので、この展示がどのようにヴェネツィアで伝わっていくのか興味がわいた。たとえば、海老原鋭二の《からす城》(1972)の型枠に使ったドラム缶が置いてあるのだが、『都市住宅』で掲載されたときの衝撃を知っている者には納得できるのだが、内容を知らない人にとっては展示意図を理解するためにそれなりの手続きが必要となる。展示を理解するためには濃密なコンテクストを読みこむ必要があるのだ。しかし、建築とは一見してわかるものではなく、このように濃密な背景を抱えているものである、というメッセージがこの展示から伝わっている。

高度成長期を経て当時の日本には若い建築家に仕事を依頼できるクライアントが登場していた。1968年にはGNP世界第2位となり、1970年の大阪万博で新しい時代の幕が切られた。今から考えれば、メタボリズムという建築思想を考案した60年代の日本の建築家たちは、西欧世界から流れ込むモダニズムを学習する優等生であったが、70年代の日本の建築家たちは自信をもって独自の地域建築を展開し始めた。そこでは世界の建築思想と連携しながら新しい建築がダイナミックに模索されていた。日本という国の経済的ポテンシャルと同調しながら、モダニズムを乗り越えようとする早熟な冒険が展開されていたのだ。多様な建築メディアが存在し、建築批評も活発に行われていた。70年代の日本、そこは様々な建築の可能性が試行された時代なのだ。その全部を倉と呼ぶ展示室に詰め込もうとしていた。ゆえに、日本館の展示は濃密である。

今から見ると独り言の集積に見える70年代の日本の建築は、60年代のアメリカ東海岸で出題された建築のアポリア（解けない問題）に対する多様な解答であったように思えてくる。そして、この島国で展開した壮大な建築の実験は、後にK・フランプトンにクリティカル・リージョナリズム（批判的地域主義）のひとつとして総括され、片づけられてしまった。１９８０年にはP・ポルトゲージによるヴェネツィア・ビエンナーレ建築展によってポストモダニズムのとば口が開かれている。

そして、これから

6月6日、プレオープンの2日目の夕方、日本館を訪ねるとテントで囲まれたピロティに大勢の人が集まっている。ビエンナーレの全体テーマである「モダニズムの受容」を語り合うナショナルパビリオン間のクロストークである。塚本由晴が切れのよい論説を展開していた。ほかにゲストスピーカーとしてチャールズ・ジェンクスやジャン・ルイ・コーエンなどが参加し、活気あるシンポジウムが始まっていた。このピロティで展開されるシンポジウムは、倉では過去を展示しているのに対し、現在または未来を語るものになるという重要な位置づけがなされている。会期中にワークショップやセミナーがいくつか予定されているようである。

ここで「レムのメッセージ」を読み返してみると、ワークショップやセミナーを継続して行うことが指示されていて、日本館ではそれが忠実に履行されているのがわかる。企画のなかで太田とレムが緊密に連携がとれていたことがうかがえる。その対話のなかで大事なことは、建築が歴史と切断されない文化的な行為であることであり、同時に未来を真剣に話し合う必要があることの確認と、そこでリサーチされた建築が未来に接続するのだという確信である。

多くのナショナルパビリオンは「レムのメッセージ」に素直に反応していた。他のヨーロッパのナショナルパビリオンでは、たとえば、オランダ館ではJ・B・バケマ、フランス館ではジャン・プルーベ、スイス館ではセドリック・プライスなどが召喚され、それはまるで、第二次世界大戦直後のモダニズムを初期設定する時代に戻そうとしているようにも思えた。いずれにせよ、20世紀末、メディアとの共犯関係で差異化のゲームを行い、権力に回収され消費されてきた建築を、再び人間世界にとって有意味な存在に戻せるのかということが問われているように思える。

会場を一通りみてきたが、レムの真意はどこにあるのか、私自身は未だに謎ときが終わっていない。ただ、新奇な形態を競う消費構造から建築を救い出そうという意思の存在があることを感じた。では、それをどのように実行するのか。それはメッセージを受けた観察者の責となるのであろうか。

［2014.07］

第2部
状況

Fig.4：香川県庁舎

建築が社会状況と伴走しているということはあたりまえだが、その社会状況をどのように読み取るかのほうが重要である。状況とは私という個人を中心とする時空間のマッピングなのだが、世界の認識が小さい場合は地図にはならない。世界を俯瞰する視点をもつことで海図を描くことができ、私がどこにいて、どこに行くのかわかる。「あたりまえの再構築」という文章は1993年6月の『住宅建築』の巻頭論文で書いたものなのだが、あたりまえの日常生活をもうひとつのレイヤーに乗って批評的に見つめる眼の存在について書いている。

私は、まだ戦後の臭いが残る風景を知っている。父親の仕事の関係で幼年期に高松市に住んだが、丹下健三の設計した《香川県庁舎》(1958)が、煤けた情けない街のなかに英雄的に屹立していたのを身近に経験した。その後、父親が東京に転勤し、これも丹下健三の設計した《代々木体育館》(1964)のプールに通っていた。建築が国家を表象するということを感じながら子供時代を過ごした。

1968年のパリの五月革命から始まる学生を中心とした革命的闘争のときは都内の高校生だったが、東大の入試が中止になるという直接的影響を受けている。社会は騒然として革命前夜のような様相であった。寺山修司の天井桟敷などの演劇、ゴダールの映画、赤瀬川原平や高松次郎のハイレッド・センター、などの革命的表現行為は日常にあった。『美術手帖』で連載されていた磯崎新の「建築の解体」は当時の建築を学ぶ学生の海図であった。そして、1968年に創刊された『都市住宅』は建築の世界へのイニシエーションであった。1970年代に建築を学んでいた学生たちは皆同じ状況で建築という世界に誘われた。

1 「あたりまえ」の再構築

あたりまえの生活

朝の通勤電車に乗り、都心のオフィスに向かう。満員電車の乗客は皆同じような服装で無表情である。車窓には刺激のない茫洋とした住宅地がエンドレスフィルムのように続く。9時から始まるオフィスでは毎日同じような仕事が行われる。千人を超える社員がひとつのオフィスビルのなかにいるが、一日に仕事で会話をする人数は十数人である。この場所で生まれる社会集団や人間の関係は自らの意志ではなく、会社の論理によって配属されて生まれたものである。いわば、企業を選択したときに運命的に決められた集団である。9時から5時まで机の前で仕事をして、少し残業をした後、会社というコミュニティの成員と飲みにいく。たわいもない日常の会話に心地よい安心感を覚える。そして、電車に乗って郊外の住宅地に帰る。夜でも混雑する電車の乗客は皆同じような服装で無表情である。彼の住む家はローンが組まれており、この返済のため会社をやめるわけにはいかない。私たちのあたりまえの日常生活である。

都市という拘束

　こんな生活があたりまえになったのはそれほど昔ではない。19世紀末、大量生産を背景とした大資本企業が生まれ、それとともない資本市場、金融市場が巨大化され、そのマネージメントのための大量のオフィスワーカーが必要とされた。彼らを収容するものとして、オフィスビルというビルディングタイプが発明される。当時のアメリカでは大量の就業者を対象とするため、広範なエリアをカバーする立地として都市の中心部にオフィスビルが建設された。ヨーロッパにおいては、宗教や王権の制度に対応して組み立てられた旧市街が存在するため、都心部にオフィスビルのための用地取得が困難であった。そこで、都市郊外に企業を中核とした理想都市が提唱された。このような社会の動きはかつての王権が資本権力に置換されたものとしてみることができる。だからひとつの企業とは、ひとつの王国である。

　第一次世界大戦直後、戦場とならなかったアメリカは、生産施設が破壊されたヨーロッパにかわり世界の経済を掌握するものとなる。都市が未成熟であったアメリカにおいて、オフィスビルを中核とした都市がつくりだされる。都市周辺には都市労働者を収容する専用住宅が大量に用意される。１９２０年代のニューヨークでつくられたスカイスクレーパーの林立する都市は、それまで想像もできなかった都市風景を構築してしまった。巨大資本の自由な振る舞いによって都市は決定づけられる。スカイスクレイパーは20世紀に出現した資本という王国のシンボルであり、そのため必要以上の規模が与えられていた。

日本においては敗戦後ほとんどの都市は焦土と化し、新たに構築する都市は経済活動に効率よく対応する機構としてつくられた。生産効率の悪い農村は遺棄され、水際線は物流の拠点となり、中心部はオフィスビルに埋められ、周縁部は都市労働者として都合のよい核家族を収容する専用住宅によって埋め尽くされる。この専用住宅は個人としては莫大な額のローンによって購入される。それが経済の原動力としてはたらいている。都市労働者の生活環境を保全するように社会的弱者を収容する施設が行政サービスとしてつくられる。住宅のなかから老人・病人・子供（日中だけだが）などの弱者の居場所がなくなり、都市労働者というひとりの男を核とする家族に対応する住居形式nLDKが定着する。

これが冒頭に書いた「あたりまえの日常生活」を生むメカニズムである。生産現場をもたない専用住宅の出現によって地縁社会は崩壊し、生産と消費を抱え込む都市が社会の中核となり、都市は効率よく作動する経済活動の機関として構成されている。現代の社会はボランタリーな意識で生活を組み立てることが困難なものとなっている。こう考えてみるとこの「あたりまえの日常生活」は、たかだか50年ほど続いているだけの、制度的に仕掛けられたものでしかないことがわかる。現代都市はこのような仕組まれた「あたりまえ」のうえに成立しているのではないか。

現代社会は、様々な局面で破綻を見せている。自己実現の希薄な社会、少子高齢化、教育問題、環境問題等々。それは、現代社会という枠組みが壊しがたい強固なものとして作動していることと、それを私たちが「あきらめ」による「あたりまえ」として捉えていることによるのではないか。建築はこのような制度の枠組みを視覚化する装置としてはたらいてきた。建築とは、未だありえない概念を空間図式として実体化するものであり、そのリアルな存在は身体的に知覚できることから、いかなる虚構もその存在を「あたりまえ」のものとして認識させる力をもたされている。この意味において、建築はこの現代という社会を成立させる素因であったとも言える。

建築は制度にコミットできる唯一の表現形式である。だからこそ、既存の枠組みを乗り越える新たな空間図式を提示しなくてはならない。制度化されたビルディングタイプに縛られた建築はオートマティカルに再生産されるだけで現実の生活とは乖離しているのだ。制度を維持するために繰り返される建築においても、その形式を組み換えることで、まったく新しい空間に変質させることも可能である。そして、その空間を体験できるということは、体験する人々の意識を覚醒させることでもある。建築の形式の変更は人々の生活意識を変え、さらには、都市のありようも変えていくのだ。新しい建築は形態の問題ではなく、構造的に新しい空間図式にある。意識を変えうる明快な空間図式を発見すること。そのためには、現代の不自由をクリティカルに自覚し、個の解放と個の選択可能性を拡大するという精神をもつことである。

［1993.06］

2　形態の存在証明について

今、建築にどんな形態を与えることも自由であるようにみえる。建築の形態はかならずしも機能に従うわけではなく、こうあるべきであるという社会的規範はない。あらゆる技術を動員すればたいていの形態は実現可能である。建築は否応なく形態を付随して出現するのであるが、いかようにも形を与えることが可能ならば、それ自体に唯一性はないこととなる。すなわち、形態そのものには何ら根拠はないということである。とするならば、形をともなう建築自体の根拠も不明となってしまう。だから建築にとって、形態の存在証明は、建築自体の存在証明と同義であり、建築の根底を動かすきわめて重大な問いとなるはずである。

とりあえず、モダニズムの建築においては「機能」という言葉がその根拠を支えていた。それまで、建築は王権や宗教権威を表象する実体的メディアとして存在してきたのだが、近代において、「人間の動作」というそれまで周縁に位置づけられていたものを「機能」という言葉で抽出し、建築のあり方を「人」と「空間」を関係づけるシステムに再編してしまった。それは、20世紀に私たちが獲得した大きな切断面である。

そこでは、それまでの建築における形態の特権性は剝奪され、建築の主題は形態のなかで語られる様式という静的なものから、機能によって意味づけられる関係性のシステムという動的なものになった。この人の行為と空間を「機能」という言葉で関係づけるという運動は、「機能」という言葉が「効率」という言葉にすり替えられることによって、経済活動の原理に回収され、意思決定不在のオートマティズムを生むこととなる。形が自動的に決定される、このオートマティズムに対抗して、建築の形態に固有性を獲得しようとする試みがポストモダニズムの論拠である。「人の記憶」という、これもまた、周縁に位置づけられていたものから「人」と「空間」を関係づけることが目され、再び形態に特権的な力が与えられる。しかし、形態で語られるわかりやすい構図は、容易に形態の消費に結びつき、再び資本権力に取り込まれてしまった。形態は力の論理に利用されやすいため、無批判な形態の行使は簡単に権力機構に取り込まれていくのだ。力の支配する世界では現実の建築となりにくい。建築とは「力」のシステムを内在するものである。近代論理からの逃走をはかる場合、力の側に与しないため敗者という位置づけが与えられ、力の支配における建築は実体的な形態で語られる力のディスクールと、そこから排除される関係性で語られる負のディスクールとの間を揺れ動く闘争として捉えられないであろうか。ここでいう力のディスクールとは権力、制度、政治などの機構から生まれる支配の力である。負のディスクールとは人間の生活や身体の感覚に根ざした壊れやすくはかない脆弱なものである。

建築は必ず何らかの目的をもってつくられる。建築を企てるのは建築をつくることによって企てる側に何らかの利益が予定されている。王権や宗教権威を実体化するものとして構築された壮大な空間は、権威や権力という目にはみえないものを、人々に抗しがたい実在する力として認識させる装置としてはたらいた。建築を企てる論理が強くはたらくとき、建築空間が利益目的に合うことが求められる。その場合、空間を体験する者にその意図どおりの読み取り方を強制する力がはたらき、そのためわかりやすいメディアとして形態に意識が集中されるのである。

空間を体験する側の論理で組み立てられる建築は、「人の動作」や「人の記憶」といった形にならないものを媒介とした関係性で語られる。形態そのものよりも人や物の関係性によってつくられる空間が主題となるため、形態に自律した意味は与えられない。空間の読み手にとって多様な読み取りが可能な空間である。しかし、このような負のディスクールを主題とするものははかなく移ろいやすいものであるため、明快でわかりやすい形態をともなう構図に容易に置き換えられてしまう。空間を体験する側の論理で組み立てられたものは、絶えず建築を企てる側の論理に回収されていくように思える。

この状況から逃げきるためには、形態から恣意性が徹底して排除されたモノの関係性だけで語るか、建築の姿自体を消すこととなる。力のディスクールを否定するとき、建築に形態を与えることが不能となるのかもしれない。その結果、建築は姿を消し、透明な箱に還元されてしまう。負のディスクールとは力のディスクールとの関係において位置づけられるものであるから、絶え間なくはたらく力のディスクールに回収されるのは当然ことである。このメカニズムを了解するとき、私たちは絶え間ない負のディスクールからの反撃を運命づけられていることを知る。

私たちの生きる世界は記号と意味のシステムである言語から根本的な拘束を受けている。私たちの存在・認識・思考・行動のすべてが、言語によって制約され、決定されており、私たちは言語の構造の内部から出ることができない。同様に私たちは日常的に空間のなかに身体を浸しており、今ある空間の概念からしか空間を想起することはできない。この言語的、身体的拘束から離脱することは可能であろうか。

建築が否応なく形態を付随するものであるために、その形態を形づくる物質から建築の成り立ちが決定されてしまう。建設とは経済原理のなかに支配された行為である。そのため、市場に流通する建築素材や部品からの拘束を容易に受ける。この素材や部品からの制度を認識したうえで、この制度を乗り越えることは可能であろうか。

「機能」という人間と空間を関係づけるものから建築が組み立てられることがあたりまえのように認識されるなかで、建築は「環境」から自律した空間のシステムとして存在していた。しかし、「機能」という空間を成立させる根拠がさほど強固なものではないことが判明した今、再び「環境」のなかに建築は建たざるをえない。その「環境」という概念から建築を根拠づけることは可能であろうか。

建築という行為は計画という「力」の側の論理を内包している。この世界に存在しない空間を扱っているにもかかわらず、計画のゴールとしてのフォルムがあらかじめ用意されてしまう。そこでは計画される側の論理は排除され、人を収容する抑圧のシステムとしての空間がセットされている。計画される側からの参加が可能な計画とは存在するのか。計画される側がその計画を選択することは可能であるのか。「負のディスクールからの反撃」として、以上のような設問を用意した。自問自答のような作業になるのだが、この解答として私的な試論をこれから提出するつもりである。

〔1999.03〕

3　どこにでもあるなんでもないもの

かつてのヴァナキュラーな建築は、選択肢が欠落していたためにひとつのタイプを形成していたのであるが、現代の日本では選択肢が過剰であるにもかかわらず、またある種のタイプを形成しているように思える。建て売り住宅もプレファブ住宅も建築素材や部品に支配されて皆同じものに見えてしまうのはこのためである。現代の日本の建築では商品として流通する素材や部品が制度としての強制力をもってはたらいている。

設計の依頼を受けて初めて訪ねた旅館浦島は、増改築を繰り返した木造2階建てのもので、茶色の住宅用アルミサッシ、柄の入ったビニールクロス、住宅用壁掛けエアコン、リシン壁、ラワン材に焦げ茶のオイルステン、クリーム色のポリ合板フラッシュ戸、木目のプリント合板、二重のサークル蛍光灯など、それは場当たり的に便利大工につくらせたブリコラージュのようなものであった。それは、今の日本でどこでも見かける建物である。

日本の在来工法でつくられた建築はもともと設計図を必要としなかった。板図と呼ばれる伏図からの情報だけで建設を進めることが可能であった。この在来工法の「木割り」に対応するように建築材料メーカーや部品メーカーが多様な商品を用意している。材料メーカーは3×6（さぶろく）

とか4×8（しはち）と呼ばれる在来工法の「木割り」に対応した商品を用意しており、それは建築基準法をクリアした性能を与え、現場での取り合いまで考慮されたうえで、さらに表面に木目がプリントされていたりする。現場ではなるべく残材を出さないように割付けだけを考えれば、伏図だけで立ち上がった空間を建設することができる。部品メーカーは、アルミサッシだけでも各メーカーごとに電話帳のようなカタログがあり、6尺間とか9尺間でランマ付きとかを選べば木枠にビスで留めつけるだけで網戸付き、場合によっては雨戸付きの開口部ができてしまう。キッチン、フロ、洗面、トイレなどの設備部品メーカーの商品は高度に複合化が進み、すでに部品というよりは空間装置のようになっている。しかも、その商品は在来工法のシステムに適合している。

この在来工法のシステムは造作材や建築金物など寸法体系までコントロールしており、日本という島国で建築を行う場合はこのシステムの制度から逃れることはできない。在来工法をとらないコンクリート造であっても型枠となるコンパネが3×6であったり、鉄骨造であっても面材は同様のシステムの下にある。ハブラーケンの夢見たオープンシステムの世界はすでに私たちの手元にある。冒頭に描写した旅館浦島の建築はこのオープンシステムがつくったものである。しかし、なぜそのシステムの下でつくられる建築がこれほど貧しいのか。

産業革命以前のヴァナキュラー建築とは、地域に封じ込められた建築である。交通手段が限られていたため建築資材は遠くから運搬されることはなく、ほとんどの素材は敷地の周囲で手に入るものが使われた。その素材を用いて建物を組み立てる技術は誰もがもっている単純なものであり、ときに住まい手によってときに近隣の人々によってつくられた。建物はやがて朽ちていくのであるが、限られた素材とシンプルな技術でつくられる建物は容易に再生ができる。長い年月を経てもその建設システムからつくられる建物はたいしたバリエーションもないため、その建築が集合したときも統一した景観を保持していた。このヴァナキュラーな風景は「閉ざされた建設システム」という社会がつくったものである。

今、私たちの周りには種々雑多な建築素材や部品であふれている。その建築素材や部品の価格は製造コストの積み上げで決まるのではなく、大量に生産し大量に販売する市場戦略なかで決定されている。商品としての購買動機を誘うとされる付加物の価格はこのメカニズムのなかで償却されて、性能を満たしたうえで安価な商品として市場に出される。住宅用の建築素材や部品の商品情報は直接的に消費者に流されるため、その選択はユーザーが行う場面も多く、そのためか一時期トイレの陶器の色に白がカタログからなくなったことがある。アルミサッシはかつてのペラペラのものや白化してしまうアルマイト未処理のものは市場からなくなり、今は高度な型押し技術の開発によってアルミの肉厚は薄く中空の枠断面は大きい。気密性、水密性は高く、アルミの素材感は消去されて数種類の色が選べるのがあたりまえのようになっている。私たちの社会では在来工法のシステムという基本的なルールが存在するため、そのルールにのっていれば商品として成立する。そのルールのなかで際限のない差異化の競争が可能であり、多種多様な商品が市場に存在することとなっている。この島国の閉ざされた社会のなかに存在するシステムを基盤として、多様な選択が可能である開かれた状況が生み出されている。この開かれた状況のなかでは、選択する側によほど強い意志がない限り、市場の原理だけで選択させられてしまうのだ。

その素材や部品の制度から逃れることが建築の表現領域で差異化の手段となっている。たとえば、既成アルミサッシを用いない開口部のつくり方としてバックマリオンに耐力をあずけて見付けの小さな方立《ほうだて》にしたり、フラットバーを用いてサッシ自体を構造計算に算入したり、アングル材の組み合わせで制作したり、構造軀体そのものをガラス受けにしたりする。またはDPG工法など外国で開発された技術を利用したり、東南アジアの既成部品を用いたりする。さらに在来工法のシステムの影響の少ない2×4、コンクリート造、鉄骨造などの構造種別をとることでルールの適応外の建築としようとしている。この現象はすべてこの社会にある素材と部品の制度から逸脱することで新しい表現を獲得することが目的であるように思える。このようなワザの競い合いには行き着く先が限定されており、どの建築もまた同じ様な解答にたどりついているように思える。

この素材と部品の制度から逸脱するもうひとつの方法として、工場や倉庫そして農業用などの産業施設に用いる素材や部品から建築を組み立てることがある。このような施設は性能と価格だけで決定されており、素材や部品にはフェティッシュな言語は付着していない。それはぶっきらぼうなほど投げ出された素材や部品である。建築に組み込むためには新たなディテールの開発が必要となるが、安価であり素材そのままであることからフェアな素材や部品だと考えている。《F3 HOUSE》（1995／大和）では、要求された空間が倉庫のようなおおらかな機能を満たすものであったために産業用の温室の部材を用いた。《Ryokan 浦島》（1997／佐渡）では、ガラス自体で風加重をみることのできる波板型ガラスで採光のできる外壁をつくっている。《Cranes Factory》（1998／渋谷）ではスチールアングル材を組み合わせてカーテンウォールを制作している。

Fig.5：F3 HOUSE

Fig.6：Ryokan 浦島

Fig.7：Cranes Factory

いずれの場合も厳しい予算のなかで選択したものであるが、同時にこのフェアな素材のもつ言語によって組み立てられる建築の可能性に期待している。そこでは木毛セメント板、デッキプレート、亜鉛溶融メッキ鋼板、成型セメント板、大波スレート、複合ボード、ガリバリウム折板など安価で安定した性能をもつ工業製品をそのまま投げ出すように用いている。このようなつくり方をするためには材料特性を詳細につかむ必要がある。材料の製造工程を知ることで思いがけない素材の可能性を発見することがある。また定尺寸法をはずれた製品が制作可能であるか、またその場合のコストの上昇がどのくらいなのか、その材料を使うときの働き幅がどのくらいであるのかなど、メーカーとの緊密な打ち合わせがいる。

そのような情報から支持構造のピッチが決まり建築全体を支配するモデュールが決定されることもある。身体寸法や動作手順から空間のモデュールが決定されるのではなく、モノから空間のモデュールが決定される。さらに制作現場と直接的に検討を行うことで、ゼネコンを通しているだけではできなかったことが職人の心意気で可能になったりする。巨大な市場のメカニズムのなかで素材や部品からの支配を受けて妥協の産物となる建築の世界を反転する可能性がそこにある。最近知ったことだが直径15センチメートル以下の円に納まる押し型ならば小ロットのアルミ型材がさほどのコスト上昇なく制作可能なのだそうである。素材や部品の制作メーカーが小ロットに対応できる生産技術をもつことで素材や部品からの支配を乗り越えることができそうである。

建築は実体となって現れるときは否応なくモノを介して存在する。高度なテクノロジーを用いたヒロイックな建築ではない、どこにでもある安価な素材で何でもない技術からつくられる建築は、注意深くその使い方の作法をコントロールすることで、私たちの今いるこの世界を表現する建築となる。

その後、現在では「省エネ法」や「消防の防火規定」によって認定部品以外の部品が使えなくなっており、この国の建築はどこでも同じのっぺらぼうなものになっていく傾向にある。

［1999.03］

4 文化・制度と空間

ミシェル・フーコーの『監獄の誕生』（1975／邦訳＝田村俶訳、新潮社、1977）の原著タイトルは「監視すること、および処罰すること」である。もちろんこの本の内容は「監獄」の話ではなく、学校、病院、兵営、工場などの社会全体にかけられた監視の眼と処罰を扱うことで、この人間がつくりだした管理する社会システムそのものを明示しようとしている。巻頭に興味深い口絵がある。それはひとりひとり階段状に置かれた箱に入れられ、その顔の部分だけに開口部が設けられており、その開口部は演壇に立つ講師のほうに向けられているというものである。これはパリ市の郊外にあるフレーヌ監獄にあった講堂の様子なのだが、これは人間に対する強制と一望監視施設を示すダイアグラムとしてみることもできる。

この箱をとれば演劇における円形劇場と同じ空間構成なのだが、ここでは見る見られる関係が倒立していることに気がつく。劇場では客席の照明は落とされ、舞台に上がる演者は観客から一方的に見られる立場となる。しかしこの口絵にある箱のなかの人は、演壇の講師から見られるというよりは監視されている。日本の大学にある階段教室で見かける光景はこの口絵の状態と演劇の状態の双方が倒立もせず両立しているようである。教師は階段教室の教壇から講義を行うのだが、ほとんどの学生はこの教師の支配する領域から離脱するために最後列に集まる。すなわち教師は口絵のように生徒をコントロールしようと試みるが、箱のない学生は教師のコントロールされる領域から逃れて最後列に座り演劇的状態で講義を受けようとするのだ。

相撲の枡席は4人が座れる座敷が升状に設けてあり、食事や酒が升ごとに用意される。升のなかの人は中央の土俵の方に向いているわけではなく、4人で升のなかでの宴を楽しむ。ときおり贔屓の関取が土俵に上がるとかけ声をかけて相撲を観戦するが、その取り組みが終わると再び4人の宴に戻る。ここでは相撲の観戦という大きい空間に属する場合と、4人の宴という小さい空間に属す場合は、その人の意識によって決定される。大きい空間では相撲というプログラムが進行しており、同時に小さい空間では4人の宴というプログラムが進行している。この共時的空間のなかにいる人はその人の意識によってどちらのプログラムも選択できることになるわけである。

Fig.8:『監獄の誕生——監視と処罰』口絵

階段教室の最後列にいる学生はちょうどこの相撲観戦と同じ状態に自らを置こうとしているとも言える。教師によほど面白い出し物がない限り、学生は講義には意識を参加させない。教育学の研究者である佐藤学によると、イギリスの学校では19世紀の末に階段教室は使用されなくなったそうである。教育を行う側からイメージする理想の教育空間としての劇場的空間は、教育される側からは傍観者になりやすい空間形式である。教育とは教育される側から見れば退屈なものである。劇場は演劇を見ようとする能動的意識に支えられた空間であるのに対し、同じ空間形式をとったとしても教育される側にはこの意識は存在しない。フーコーの文章でたびたび言及されているように、教育が抑圧の社会システムである以上、抑圧をかける力の構図が必要とされているのだ。

学校建築という空間図式はこの力の構図を実体化するものとして構想されている。日本の学校では、教室は黒板→教壇＋教卓→机イスの列というヒエラルキーが画一的に用意され、どのイスからも黒板が見えることが条件となることは劇場と同じである。廊下と教室は区画され外からは教室内の様子は覗えない。ここでは教室とは教師という絶対権力をもつ個人が支配する密室である。これは「教室は教師の聖域である」という言葉に置き換えられる。この教室が等価な環境条件となるように南面に一列に配置し、その教室群を連絡するための最小幅員の廊下を北側に設ける。教室数が多くなるとそのユニットを積層する。管理諸室は生徒の日常的アクセスから隔離された位置に設ける。ここで扱われる空間では教師と生徒の関係は管理する側と管理される側が明確に区分されている。この空間図式は想定されている教育というソフトウエアに対応するハードウエアである。

教育が何らかの力の構図を必要とするものであるとすれば、この収容施設のようなハードウエアは学校建築として望まれるものなのだ。しかし、力が解除される場合には奇妙な空間配列としてしか見えてこない。佐藤学はこの現行の教育というソフトウエアの抱える問題を多面的に指摘し、「学びの共同体」というコンセプトを提出している。「教育」という言葉が表すものがフーコーの言う抑圧の社会システムであるとするならば、「学ぶ」という言葉は主体的な行為である。学校が教育という「競争と差別」が行われる集団訓練の場ではなく、自発的に学ぶ者たちの「共存と共生」の場に変換するものとして「学びの共同体」という概念がある。そこでは学校というものを社会から閉じた特殊な空間にするのではなく、社会に開かれた公共概念が持ち込まれる共同体を形成することが目論まれている。あらゆる差異を均質化してしまう現行の学校というシステムを解体する主張がある。

人間の諸活動を制御する仮置きされたシステムとして制度が存在する。制度とは力のシステムである。ひとつの制度の只中にいる人は、その仮置きされた制度に規定された世界を出て新しい世界を認識することは困難である。フーコーの記述はこの力のシステムに関するものであるが、その対象は学校、病院、兵営、工場といった建築類型に転写される。これは建築という形式が制度を実体化する装置として機能してきたことを意味している。ファシズム期のドイツで造営されたニュルンベルク郊外の都市は、目には見えない党の力のシステムを、そこに身体を入れることで現実に存在するものとして認識させる装置としてつくられている。日常的には人の住むことのないこの無人の都市は、人のスケールをはるかに凌駕する建築群が配置され、党大会が開催されるときには100万人を超える集団を収容した。ここでは建築は意識的に力の表象として用いられている。この力のシステム＝ファシズムという制度が一時の幻想であったように、制度はいつも仮置きされたものでしかなく、本来はゆらぎながら移行するものである。

建築という形式が制度を実体化する装置であるとするならば、建築を構想する者は直接的にその制度にコミットすることが可能である。だからこそ建築はあらゆる表現媒体のなかで特権的な位置づけが与えられていると言える。現代の社会のなかでは意識的に抑圧のシステムを構築しようとする力は表面的にははたらいてはいない。が、一度セットされた抑圧のシステムは無自覚に反復される。建築家はその制度のゆれを拾い上げ、解放された社会を担保する空間配列を提示しなければならない。社会は緩やかな変曲点を示しており、かつての制度に対応していたビルディングタイプが成立しなくなってきている。今私たちの社会はソフトウエアに対応するハードウエアに齟齬が生じているとも言える。さらに言えば、新しいハードウエアを構想することによってソフトウエア自体を再設計する必要があるのではないか。

フーコーが俎上にあげた抑圧の社会システムは、すべて管理側の論理でつくられる建築に対応させることができる。学校や病院は、「教育は聖職である」とか、「人命を預かる」という大儀によって不可侵な位置づけが与えられている。この閉じた世界では、子供たちが自発的に学ぶことのできる空間のありようや、患者へのサービスに何が必要であるかというあたりまえに検討されるべき事柄が棚上げされたまま、由来の不明な面積基準や関連法規、管理側の効率などで空間配列が決定されている。その結果、教育として有効性を失った学校空間が頭のない自動機械のようにこの島国に再生産されている。だからこそ建築家はソフトウエア自体を再設計するハードウエアを構想しなければならない。建築は新しい社会システムを切り開くフロントにあるのだ。

［2000.09］

5 美学的であること、政治学的であること

建築とは多様な問題群を一気に解く統合形式である

小さいながらそれぞれの住宅が建築として形づくられるのには、それぞれ説明のつく理由がある。建築とは建築家が自由に形態をつくるものではなく、様々な制約を受けてその形態が生成されている。たとえば、日本の伝統的な民家の構成には、それなりの理屈が存在する。高温多湿な気候条件に対応して軸組構法による開放的な構造、障子・襖・欄間など空気を流すことを前提としたスライディングドアのシステム、熱環境のパッシブシステムでもある縁側や廊下、床下の断熱材になるタタミ、雨が多いために用いられる瓦屋根と軒の出など、すべてに理がある。多くの材料は自分の家の近くで入手可能なもので、メンテナンスも近隣の手を借りて行えるものである。そのくらいの材料と技術レベルで住宅がつくられていたということである。これは閉じた社会システムのなかの建築である。

しかし、現代では都市化が進行し、東京の都市部では住宅の敷地規模は20坪ほどしかない。周辺は密集して住宅が建てられているために、プライバシーや防犯のうえでも開け放って風を通す

ような生活は困難になっている。この建物単体は閉じているのだが、それがつくられる社会システムは野放図に開いている。エアコンや設備機器が普及し、かつては最も安価であった自然素材は高価なものとなり、現代の生産システムと流通システムのなかでは安定した性能をもつ工業製品のほうが安価に手に入る。建築をつくる環境は明らかに大きく変化している。街を構成する小さな住宅ひとつつくるにも、土地の所有者が存在し、その土地と周囲の環境があり、建築基準法という制度があり、予算が決められ、工事を行う技術、材料の選択とその材料の流通・生産など多層の条件群が存在する。社会のなかで認識されている住宅という概念、ｎＬＤＫという住宅の形式や、住宅を資産と捉えることなど、これは社会がつくる制度なのだが、ひとつの建築を形づくるのに社会・環境・状況からの様々な拘束力がはたらいている。

建築とはこのような多様な領域にかかわる問題群に対応する解答である。しかも、その解答は建物という動かしがたいひとつの固定した物質として社会のなかに置かれる。本来は多様な問題群に対応する解答がひとつになることはなく解答も群として解かれるものなのだが、建築とは多様な問題群を一気に解く統合形式である。そして、その解答はその場限りの刹那ではなく、時間のなかに継続して存在することが要求されている。

住宅は、このような問題群がある程度限定されている演習問題である。だから解答の検索は比較的容易なのだが、最終的な判断は施主という個人に回収されるため、時には個人のノスタルジーの表象となったり、個人の趣味であったり、商品的付加価値などが自在に入ってくる。建築を組み立てるうえで恣意性が存在し、多様な解答が存在する。

より複雑な問題群に厳密に対応しなくてはいけないものとして、多数の人間の集合形式を扱う建築がある。公共の建築か都市に建つ大型建築であったりするのだが、このような建築にはより厳しく制度や資本の側からの縛りがかかっている。たとえば、建物の内容であるプログラムや、社会の仕組みにかかわる空間の構成を自由につくることは、社会制度に直接的に関係するため容易には行えない。また、経済的効率が厳しく要求されるため、構造や仕上げに使う材料まで細かく規定される場合もある。その限定度が極度に高く設定され、そこに制度や資本のオートマティズムが存在する。そこでは建築という概念を成立させると考えられている空間の構成にかかわる問題はすべて棚上げにされ、建築家は表層の美学的なものしか提案を許されない。

通常、建築は写真というメディアによって伝達され、評価される。建築物はひとつのまとまりをもっているため、写真の対象になりやすい。建築とは社会にある問題群の解答であると考えるのだが、社会のなかで建築という事象が伝達するメカニズムを考えれば、その問題群をすっ飛ばして美しいワンショットが撮れる撮影用のセットをつくるという方法がある。これは、現実に存在する建築よりも写真のなかの建築のほうが、はるかに社会的インパクトが強いということだ。この構図が建築を美学的問題として扱うことをさらに強化している。

建築を観察する人／建築を経験する人

建築を観察する人にとっては、建築は社会に現れる表象として捉えられるが、建築を経験する人にとっては、人の行為を規定する空間の構成のほうに意識が向かう。たとえば壁を透明ガラスに変えるだけでその空間を使用する人の意識が変化し、集合としての人間の行動様式も変わる。また空間の寸法やわずかなレベルの取り方で人の領域に関する認識が変わる。建築はそのような実体の関係性によって人の行為を規定する秩序をつくったり、人の意識を開放したり閉塞させたりできる。その関係性の取り方で人間の集合形式をかえることもできる。だから建築という形式は、人間の行動様式をコントロールするという点で政治学的な性格をもっている。

同時に、建築は実体をともなうため、その実体の形象がもつ意味や記号を付随している。そこに、建築の美学的側面が存在する。しかし、美学的側面は人間の認識にかかわる不安定な構造をもっているため、その判断は容易に変わるものである。だから美学的側面にたよる建築は流行のなかに取り込まれ容易にその価値を失う可能性がある。建築はファッションや流行とは異なる構造をもっている。建築における形態とは、この社会を政治学的に解読していくなかで付随して派生しているものでしかない。つまり、社会や環境の状況の読み取りを反映するものであり、建築とは形態そのものを目的とするものではない。

建築は美学と政治学という双方の性格を必然的に付随している。人がそのなかに入り何かの目的に使うものだから、彫刻や絵画のように美学だけで自律することはない。19世紀以前の王権や宗教という特定の権力のためにつくられていた建築は権力の表象として存在していたため、形態は重要な意味をもっていた。20世紀初頭から始まるモダニズム建築は特定の権威のためではなく、社会のシステムに対応する装置としての建築であった。そこでは、政治学が先行し、その結果としてモダニズムの建築形態は発見されたのだ。

透明で公平なシステム

20世紀末、1990年から現在にかけて、グローバリズムによる市場経済システムが世界で急激に拡張し、建築は資本権力の支配に置かれている。そのなかで建築には再び権力表象としての美学的側面に意味が与えられ始めている。建築はこの資本主義システムの外では存在できない。それゆえ、建築は権力が利用しやすい美学的問題として語られるのだ。しかし、この資本の原理を成立させている、民主主義という透明で公平な社会システムに注目すれば、とりあえず資本の権力に奉仕するだけの建築ではなく、この政治的システムを実体化する装置としての建築を語ることもできる。現実の社会から目を離すことなく、この社会に意味あるものとして建築を存在させたい。そこでは、美学という権力に付着する意識を乗り越えた、政治的ダイアグラムであることが目指されるのだ。そして、その過程で、建築は公正な社会の表明であったり、大げさに言えば、建築をつくることで、この社会に生きていてよかったと感じられる社会のシステムを示すことができる。建築とは、この社会に向けた美学と政治学の弁証法的解答なのだ。

［2001.11］

6　ポップカルチャーの建築

アーキグラムが目指したこと

1960年代初頭から70年代初めにかけて、ロンドンから奇妙な不定期刊のテレグラムが発送されていた。『ARCHIGRAM』と名づけられたこの薄手の雑誌はアメリカの大衆漫画のようでもあり、当時、世界中を熱狂させたロンドン発のポップ・ミュージックのLPジャケットのようでもあった。この「アーキグラム」とは、それぞれが別の事務所で働いていた建築家6人が集まったグループで、各自の建築的アイデアを同人誌のように投稿し、それを掲載するアンダーグラウンド誌のような体裁であった。アーキグラムは、その活動時期がビートルズとほぼ重なっていたこともあって、小気味よいポップ・ミュージックのようなメッセージを発信しているように思えた。アーキグラムの提案するものは、テクノロジカルなユートピアと、サイエンス・フィクションの世界が結合したイメージが支配する。たとえば、《ウォーキング・シティ》と題するプロジェクトは、居住ユニットがプラグ・イン（電球をソケットにねじ込むように取りつける）された巨大な構築物であり、それ自体が都市である。その巨大な機械の塊のような都市がマンハッタンを背景に群を成して動いているというドローイングである。それは実現不可能な楽天的なアイデアのようにみえる。

アーキグラムの提示するものは、その徹底した馬鹿らしさゆえに、建築に付随する権威的象徴をあざ笑っているようにみえてくる。建築とは絶えず権力側や力をもつ側をクライアント（依頼主）とし、その見えない力や制度を具現化する装置として機能していた。20世紀の初頭の建築におけるモダニズム運動は、19世紀までの建築が強い力の側（王権や宗教権力）に立っていたのを人間の側へスタンスを変える革命であった。しかし、そのモダニズム運動も1960年頃にはしだいに新たな力の構図（社会的権威や商業主義）に回収されていくことが明らかとなる。アーキグラムのドローイングによる一連のメッセージは、そんな建築の行く末をもう一度強力に初期設定し直す作業であったように思える。それは建築を漫画のようなポップ・カルチャーのなかに置くことで、大衆のもとに戻す作業である。建築を建てることは莫大な資金を必要とするため、力の側をあざ笑うようなアーキグラムのプロジェクトは実現化する見込みのない作業となる。それゆえ、この建築家のグループは

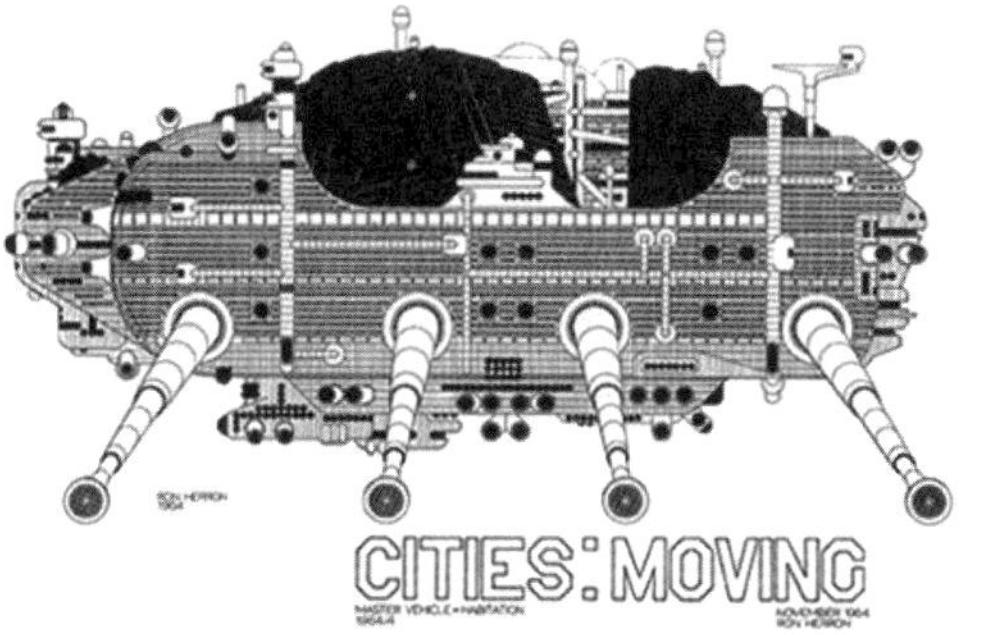

Fig.9：ウォーキング・シティ

何ひとつ実体としての建築は残すことはなく、ただ紙の上のドローイングだけがメッセージとして残っている。ただ一度だけ、1970年に行われた実施コンペでアーキグラムは最優秀をとり、彼らのアイデアが実現する可能性があった。《モンテカルロ》のコンペは巨大なイベントホールの計画で、アーキグラムの解答はその巨大な施設をすべて盛り土のなかに埋めてしまい、外からは小高い公園となった小山にしかみえないというものであった。これはクライアントの都合で実現しないのだが、この提案では建物らしい立面はなく、建築はその姿を消されてしまったようにみえる。このプロジェクトを機にアーキグラムの活動はほぼ終了するのだが、徹底した力の側からの撤退が、「建築の消去」に終焉したことは（さらに実現しなかったという事実もそれを強化しているのだが）、このアーキグラムのコンセプトを明瞭にしていた。

ポップ・カルチャーとしての建築

その直後、1971年に《ポンピドゥー・センター》のコンペの結果が発表されている。建築家レンゾ・ピアノとリチャード・ロジャース、そして構造家ピーター・ライスを中心とするオヴ・アラップの技術者たちのチームが1等をとる。この1等案のドローイングをみると、アーキグラムが実現することを放棄して描いていたと思われていたアイデアそのものが描かれている。そこにはテクノロジカルなユートピアとサイエンス・フィクションの世界が描かれているのだ。

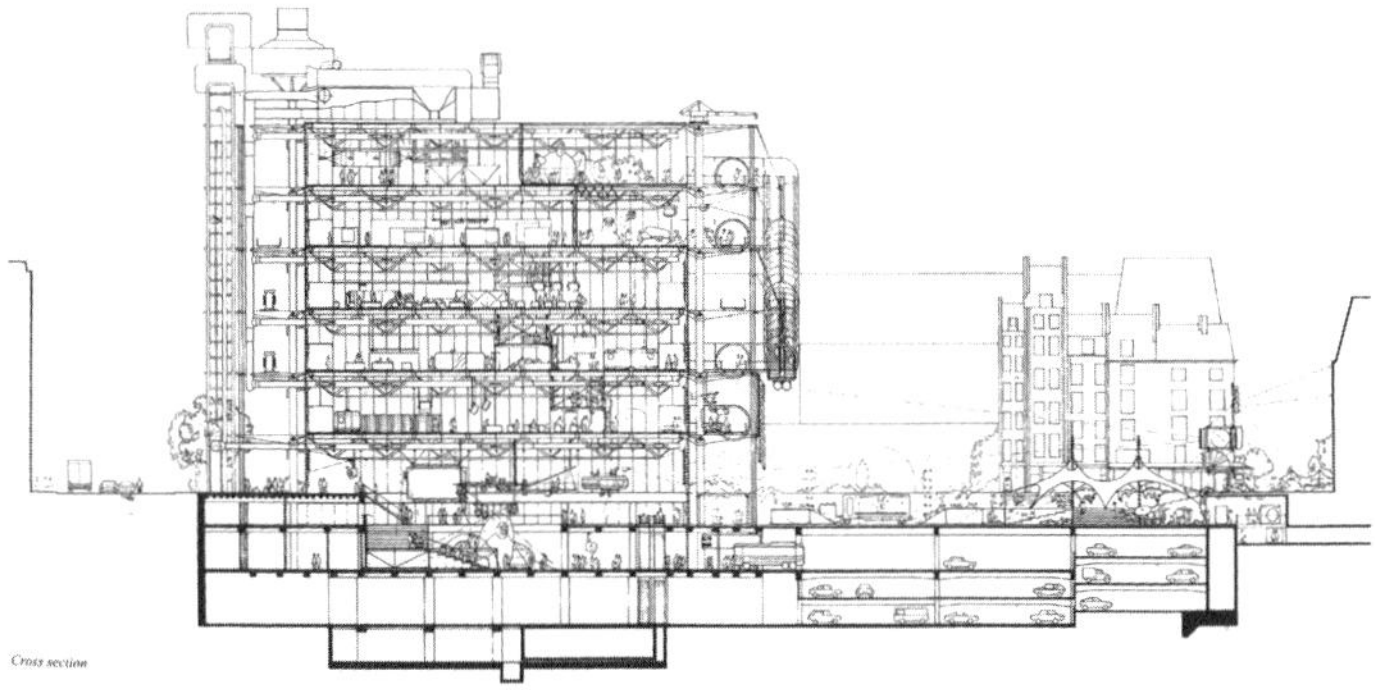

Fig.10：ポンピドゥー・センター　ドローイング

プラグ・インされた設備機器、脱着可能な部品、露出された工場のようなストラクチャー、同様に露出された設備配管、空中を飛ぶエスカレーターの透明なチューブ、自由にスペースを閉ざしたり連結できる可変のパーテション、可変の床、またアーキグラムのドローイングに多用されたニューマチック構造のテントが傾斜した前面の広場に描かれている。そして何よりも立面が透明であり内部における人々の活動はすべて露出される。同時に建築の組み立てや、空間を支える仕組みもすべて露出されている。

このチームの年代層はアーキグラムとほぼ同じであり、アーキグラムがベースとしたAAスクール（ロンドンにある建築学校）でピアノもロジャースも教鞭をとっていた。だから、時代背景や建築の精神はアーキグラムと共有されていたことがわかる。レンゾ・ピアノは、彼の作品集のなかの《ポンピドゥー・センター》の解説のなかで、「美術館という場所は、近年ルネッサンス期を迎えた。老いも若きも、住民も観光客も、誰もがピカソを見に、あるいはブランクーシの滑らかな石像の中に詩心を求めて列をなす。しかし、70年代初めに《ポンピドゥー・センター》が構想された時には、美術館に足を運ぶ者など誰がいただろうか。美術館は、陰気で埃っぽく抹香くさい場所であり、政治の道具であり、要するにエリートのためにつくられたものと考えられていた」と書いている。このことからもアーキグラムが主張していたコンセプトが色濃く反映されていたことがわかる。それは建築が身にまとっていた権威や、ハイ・カルチャーに所属することを示すファサード（建築の正面となる立面）を取り払い、誰にでも開かれた大衆の施設とする意図が読み取れるのだ。その建築的解答は、1960年代にアーキグラムが継続して提案していたのと同様に、社会的権威というものに対してそれを無効にするような答えとなっている。アーキグラムのプロジェクトはひとつも実現しなかったが、ピアノとロジャースによってこのポップ・カルチャーの精神が実体化されることとなる。

匿名性／チームワーク／システム

アーキグラムは6人の建築家で構成されたチームであったが、そのプロジェクトは共通する思想に裏打ちされており、表出する建築的表現は一貫性をもっていた。そのため実は、プロジェクトはそれぞれ建築家の個人的な作業であっても、全体としてみるとアーキグラムは運動体としてしか認識できない。つまり個々の建築家の自己表現としての建築はその運動体のなかで匿名となってみえる。同様にこの《ポンピドゥー・センター》の構想もチームで行われ、さらにその構想を現実の物とする設計も個人ではなくエンジニアを含むチームによって行われているため、建築家の個人的表現は消去されている。建築のあらゆる部位に関して個人の恣意的な選択は行われず、すべての部位の選択に関するプロセスが説明可能なものとして解決されている。つくり手側がチームであるため、部位の決定のプロセスがチーム内で検討可能となるように開示されているのである。まるで工場プラントの設計のようにわかりやすく構成のシステムが露出されている。この手続きによって、この建築は物的な透明性ばかりでなく、空間を経験する者に空間の成り立ちに対しても透明性を感じさせているようである。

1977年に開館した《ポンピドゥー・センター》は、美術、音楽、インダストリアルデザイン、文学のための巨大な文化センターである。その敷地の半分以上が大衆に公開された広場となっており、そこではこの施設には収容されないパントマイム、曲芸、ストリートミュージックなどのストリートカルチャーが展開されている。この広場に面するファサードには透明なチューブのエスカレーターが設けられ、透明なガラスごしに内部の活動が明示されている。固いファサードをもたないこの建物は、この広場で生起するストリートカルチャーを内部に引き込み、建物全体が街路であるような錯覚を与える。内部からも透明なガラスごしに広場の活動が覗え、さらにパリの街全体と呼応しているような感覚を与える。この空間を体験する者にとっては意識から建築という実体は消え去り、人々の活動そのものに直接的に反応することになる。この建築は意図されたように、それまでの美術館や博物館などの公的建築が属性としてもっていた権威や力の表現を感じることはない。というのも、できるだけ内部の使用が自由になるようにつくられた空間構成、その空間構成を利用者にわかりやすくするための導線の明示、空間の成り立ちをわかりやすく見せるように露出させた構造システム、同様にその空間の環境を支える仕掛けが明示される露出した設備システムなどの建築的操作、そしてどこにでもある誰にでもわかる安価な素材や部品によって組み立てられているためである。

開かれた社会のヴィジョン

現実の社会は厳然として力の構図が支配し、建築はその力の構図を表象する装置として機能する。建築とは否応なく形態を付随するため、その形態は容易に何らかの表象言語として用いられる。《ポンピドゥー・センター》ではこの表象が付着するのを拒むように、あらゆる構成要素を露出する。建築の成り立ちを正直に見せることによって形態言語による特定のメッセージが生まれるのを消去しようとする。その結果、建築が従来もっていた言語性は剥奪され、まるで工場や倉庫のように機能を担保するだけの道具のようにみえてくる。

しかし、ここで重要なのは工場や倉庫が経済活動のなかでの合目的的道具であるのに対し、《ポンピドゥー・センター》では人間の自由であったり、公平な社会といった精神世界を支えるための道具として提出されていることである。ここで表象言語を拒否するための露出という作法が、反転して新たな表象言語となるというトートロジーに気づく。しかし、この言語性は直接的言語ではなく、最初その露出された構成要素から工場や倉庫にみえるものが、その空間を利用する様態によって再読され、その背後にあるメッセージが読み取れるというものである。建築とは社会的存在であるため時間の経緯のなかで、さらに再読の再読という行為が行われる。

開館から20年経った《ポンピドゥー・センター》はリニューアルのために1997年10月閉館し、1999年12月31日に再び開館した。基本的なコンセプトは保持されているのだが、リニューアルされる前は前面の広場から自由に乗れた透明チューブのエスカレーターは美術館のチケットを買わないと乗れなくなり、広場との連続性が絶たれたようである。内部の商業施設は強化され、最上階の大衆向けのセルフサービスレストランは高級な星付きのレストランに変わった。1977年に開館した当時、暴力的にも見えた露出された構成要素による建築的表現はすでに認知され、誰にでも開かれた大衆に向けたポップ・カルチャーとしての建築は、しだいにハイ・カルチャーの施設としての位置を獲得しつつある。

建築における「露出」という作法はモダニズム以降の建築の運動に密接に関係している。かつての建築が権力や力を表現する装置として存在していたのに対し、20世紀の建築は社会活動そのものを支える道具として捉えられてきた。そこでは、使いやすく機能的でわかりやすいことが要求される。建築の形態そのものが機能を明示するものであったり、この《ポンピドゥー・センター》のように建築の組み立てまでも正直に露出するという表現すらとられることとなる。それは自由で公正な市民社会を表現するものとしての「露出」である。現実の社会が不明瞭であり、隠蔽された部分が厳然としてあるからこそ、開かれた公平なヴィジョンとしての建築的表現が要求されている。

［2006.10］

7　厚みのある境界

状況から

建築とは社会的な存在である。だから私たちの生きる時代と社会から逃れることはできない。この10年ほどの間、私たちは幾度か大きなカタストロフィを経験した。２００８年の行き過ぎた市場原理主義経済のクラッシュ。それは返済能力の弱い低所得者に住宅ローンを設定する金融システムが破綻し、回収不能になったことから始まったものである。

２０１１年の東日本大震災。巨大津波で大量の家が流される映像を目の当たりにした。これは人々の日常生活を支える住まいという場所を失うことにかかわっている。21世紀に入り資本のグローバル化が進行し、それがこれまでの社会秩序や思想体系を揺り動かし、民主主義という政治システムや労働に対する正当な対価という経済システムを狂わせている。それは生活の基盤が壊れ始めていることを示しているように見える。社会に大きなインパクトを与えた災害は、この期間に社会に内在していた様々な問題群を顕在化させた。建築は社会と緊密に接続しているため、社会思想や価値観の変動に大きな影響を受けるのだ。

プライバシーという原理

近代建築の原理として「アーティキュレーション＝分節化」という概念がある。建築のモダニズム運動は20世紀初頭のヨーロッパ社会が生み出したものだが、同時代の言語学者ソシュールは、分節という行為によって無意味な集合から意味あるものを括り出すという概念を示している。その思考と同じように、近代建築では機能によって人間の行為を分節化し、そのまとまりを空間に対応させる方法論がつくられた。パラディオ以降、ヨーロッパでは実体としての建築様式（スタイル）が主題であったから、人間の行為を主題とすることはそれ以前の思考を切断するような革命であった。

近代建築における計画とは、機能ごとのまとまりを抽出し、それに適切な空間の大きさを与え、それらの関係性を図式化し建築の全体像を組み立てることである。それを実際の建築とする場合は、空間を壁によって機能ごとにアーティキュレートすることになる。そのため、建築の主題は壁の配置となり、空間は切り分けられ、人々は分断されてきた。人は区画された壁のなかで他者から見られないというプライバシーの権利を獲得する。「プライベート」とは他者と関係をもてなくする隔離という意味をもつことを注意したい。

近代は空間を切り分けることで、空間の商品化を進めてきた。ホテルという商品化空間は、隣人とは無関係に窓からの景色を売る滞在施設であり、集合住宅はこの商品化空間を長期滞在施設とした不動産商品である。隣人がどんな人間であるかは関係なく、床面積だけで価格が決まるマーケット商品であるためには、互いの空間が無関係であればあるほどよい。良い商品としての集合住宅は隣人の生活の気配を感じないように工夫されたもので、スチール製のドアを閉めれば窓からは無限遠を眺めるという空間システムとなる。このような商品化空間によって人々は切り分けられ、孤立してきたのではないか。しかし、依然として人は集合して生きている。

人と人の関係性をつくることから空間を構想してみよう。建築とは空間を仕切る壁の問題ではなく、空間と空間の「間：in-between」の問題なのだ。

視線

「パノプティコン」という空間形式は日本語では「一望監視システム」と訳される。放射状に配置される監獄を一点から監視できるシステムなのだが、収容されている者同士は互いに見えない。監視者からの視線を受けることが管理の原理である。さらに監視者が不在でも、視線を受ける空間構造そのものが管理というシステムを内在する。人間が見られ、見るという関係をつくる視線の存在を印象づける言説である。人と人との関係性を構造化するうえで視線の役割は大きい。人は目と目が合うとき、敵意がないことを示すために挨拶をする。一度挨拶をした人は互いに認識され、その関係は持続される。互いに認識しあった人たちのネットワークがネイバーフッドという集合を形づくる。視線の交差が互いの気配を感じ、他者への気配りを要請するのだ。

建築が人間の関係性をデザインするものであるとするならば、それは視線をデザインすることである。固い壁を立てて視線の通らない恒常的な分断をするのか、視線の位置を示す開口部をつくるのかによって、空間の関係性は異なる。さらにその開口部の大きさや位置によって、それが見るためなのかあるいは見せるためのものなのか、意味は異なってくる。見る者の姿を消すことはそこに権力が生まれ、見られる者が定常化することで抑圧の構造が生まれる。恒常的に視線の通る透明なガラスの壁にする場合は、スクリーンなどの二次的な視線制御の装置の使い方によって、その関係性はコントロールされる。

伝統的な日本の生活空間では、相互の空間の関係性をつくる〈間〉は、壁ではなく、厚みをもった〈縁側〉や〈玄関〉〈次の間〉といった空間によって調停されている。そこに〈障子〉や〈連子〉〈襖〉など可動する壁のような引き戸が設けられることで関係性を調整していた。それは視線を制御できる厚みのある空気のクッションのような空間装置である。この〈縁側〉のような空間の「間：in-between」を設けることによって、見ることと見られることを複雑にコントロールする可能性が生まれている。

海外から戻り飛行機の窓から日本の国土を見ていると、驚くほど豊かな緑に覆われていることに気づく。日本は約70パーセントが森林で覆われる、世界でも有数の緑被率である。この島国の過半は温暖なモンスーン気候帯に属しており、手入れをしない地面は自然に草木で覆われてしまう。世界でも数パーセントの湿潤で温暖な生態系に適合した気候帯なのだ。関東以西の太平洋岸では水が凍る0℃以下になるのも、人間の体温を超える37℃以上になることも、年間を通して数日しかないという人間の生活にも優しい。そのため伝統的な建物は外部空間と内部空間がグラデーションをもって緩やかにつながるような空間形式をもっている。外部に開け放ったほうが心地よいために、建物は壁ではなく柱梁の軸組構造でつくられ、重層する引き戸によって内部と外部が緩やかに関係づけられる。建物の周囲に十分な外部空間をもつことは、心地よい外気と一体となって住まう自然環境に適した作法なのだ。

都市のなかで敷地の細分化が進み、建物周囲の外部空間は隙間のように小さくなっているが、そこに庭木を植えて微気候の調整を行い、開口部から光や風を内部に迎える。上空から見ると、日本の住宅地は庭木が植えられ樹木の多いジューシーなスポンジのようだ。戸建ての建物が粒子のように建ち並ぶポーラスな都市組織の構造は、土地所有と一敷地一建物という社会制度がつくりだしているが、一方で温帯モンスーン気候という自然環境に適合したものでもあるのだ。この隙間の多い、豊かなヴォイド・ネットワークをもった都市構造は、新たな視点で評価できる。

近代以前、空間の管理が進行する前は、戸外生活を楽しむ外部空間が都市内にふんだんに用意されていた。さらに、自動車の通らない界隈の路地は、都市内に網の目のように張り巡らされ、人々の生活に密着したものであった。外部空間は所有が曖昧なので、誰でもが侵入可能な入会地として扱われ、そこでは人々の様々な出会いが存在していた。

空間の所有と外部空間

18世紀半ばにジャンバチスタ・ノリが製作した「ノリの地図」は、ローマの街が白と黒の塗り分けで表される。この地図は建物の外形ではなく、人々が自由に侵入できる場所を白で表し、それ以外は黒く塗られている。教会などは人々に開かれているので建物の内部空間であっても白く表現されている。黒い部分は個人の所有する空間なので外からは覗うことができない。この地図を見るとパブリックスペースという概念が明確に存在していたことがわかる。自動車が存在しない時代なので、車の走行に便利な直線的な広い幅員の道ではなく、人間のための街路で都市が構成されている。迷路のような道路パターンは、歩行速度で経験する空間として認識しやすい言語性をもっており、小さな広場などに分節され、それぞれの意味が与えられている。

俯瞰すると、白の部分と黒の部分の面積はほぼ同じ分量で、それぞれが複雑に交錯しながら混在する。この都市パターンを眺めていると図と地は容易に反転し、都市を経験する主体がパブリックスペースに絶えず接続していることがわかる。それは親密な都市共同体を支える空間組成であるのかもしれない。

ところで、日本の都市はノリの描くような都市図は描けない。日本の都市は独立する建築物の集合として構成されているため、建物のグレイン（粒）を示すドットのような図となる。各建物が周りに隙間のような空地をもつので、都市全体では大量の白の空間が存在するのだが、それらは私的に所有されているため都市に開かれた場ではない。パブリックスペースと私有地というノリが描く白黒の地図では表せない。槇文彦は、この曖昧な空間を「奥」という概念で表現しているが、これをグレーの空間とすれば、西欧の概念であるパブリックとプライベートという二項関係を乗り越える第三項の空間が見えてくる。これを意識化することによって、新しい都市概念が生まれる可能性が見えてくる。

パブリックスペース

2010年、ヴェネツィア・ビエンナーレの日本館コミッショナーを務めた。そこで、日本館の外壁に「都市のパブリックスペースは人々を抑圧する権力装置である（Urban public spaces are authoritarian devices for suppressing people）」と標記した。この文章はオープン直前に事務局から問題視され、文字を消去するように要請されたのだが、最終的に“Urban public spaces”を括弧で括り、一般的な意味ではないとすることで残されることになった。

Fig.11：2010年ヴェネツィア・ビエンナーレ日本館
「都市のパブリックスペースは人々を抑圧する権力装置である（Urban public spaces are authoritarian devices for suppressing people）」

パリは権力が人々を管理するためにつくられた都市だ。と言っても、ほとんどの人は首肯しない。ヴェネツィア・ビエンナーレでは、パリの航空写真に権力の支配する都市というような意味を込めて「City of Monarchism（王権の都市）」というタイトルをつけて展示した。実際、現在のパリは、ナポレオン三世の帝政期に行政官のオースマンによって、19世紀半ばから18年間ほどで一気につくられている。それ以前のパリは迷路のような小路で構成されており、劣悪な環境で生活していた都市労働者たちの内乱が頻発していた。それを鎮圧するために、ブールバールと呼ぶ大通りによって、まるでケーキを切り分けるように密実な都市街区を切り開き、その切断面にオースマンファサードという都市立面（アーバンファサード）を貼りつけたのである。自動車がない時代にしては幅員の広いこのブールバールは、内乱を鎮圧する部隊が迅速に移動するための空間であった。つまり都市内に放射状に設けられる道路パターンによって一望監視システムの管理都市が誕生しているのだ。

権力の支配する空間が都市内に挿入されることで、人々は管理されるパブリックスペースという概念を教育されたことであろう。ファサードの内側と外側では、人々の態度や行動は異なっていたのではないか。外側の空間では人々は公人となり自らを律し互いの視線を気にかけることが要請される。日本にはこのような空間は存在しない。パリの街並みは世界の人々が憧れる都市風景であるが、強大な権力が人々を支配しようとする抑圧装置であったのではないかと考えている。人の力の及ばない巨大な力を感じるとき人々は崇高な感動を覚える。パリはそのような卓越した唯一性の都市なのである。

美学という権力

建築とは人の手でつくられる人為的な空間であり、人はそのなかに身体を入れることができる。自らの身体との比較で空間の大きさを計測し、身体スケールを超えた空間に畏怖を感じたり感動したりする。開口部からの制御された光によって敬虔な気持ちを抱いたり、さらに建築を構成する素材の硬さや肌触りによって緊張したり安らいだりという感覚を身体的に感じる。建築（というより空間）は言語以前の身体的メディアである。ハンナ・アーレントは「物化（materialization）」という言葉で、建築を含む人為的事物によって人間は定位されていると観測しているが、実際、建築という人為的空間によって人々は集まり住むことの意味を確認したり、集団のなかで自律した個人を認識したりできるのだ。王権や宗教は、建築というメディアによって目には見えない権力を実在しているように提示してきた。建築は権威を表象することも、民主的で自由であることも伝達できるのだ。

20世紀初頭のモダニズム建築運動は、その実体的な象徴性を建築から切り離し、王権や宗教などの権力を無効にする新しい建築をつくった。機能という透明な概念で構築される建築が生み出されたのだ。と同時に、20世紀に展開する写真メディアによって建築は身体から切り離された象徴的メディアとしての価値が付与されてくる。20世紀の建築は、シンボルであることとシンボルを遠ざけることとの両方の力によって引き裂かれているように思える。この時代に登場する建築理論はすべてこのテーマを扱っている。ロバート・ヴェンチューリ、クリストファー・アレグザンダー、アルド・ロッシ、コーリン・ロウ、ロブ・クリエなど。同時代の建築家たちは、その影響の大小にかかわらずこの言説に振り回されているように見える。いずれにせよ建築は表象の構造からは逃れられないのであろう。シンボルとの抗争は永遠に続く。そして眼の欲望を失うとき身体をもつ人間のための建築が現れるのだ。

弱い力による空間の更新

人は日常生活をする空間に拘束されている。東京という都市は100年のうちに〈関東大震災〉〈東京空襲〉〈高度成長期のスクラップアンドビルド〉という徹底的な都市破壊を経験した。さらに1960年代の〈高度成長期〉から続く経済活動にともなう暫時的な更新は今も継続しており、東京の建物の平均寿命は26年ほどである。人間の生命スパンより短い物質環境の変化のなかにいる私たちの〈空間〉の思考は、世界に永久不変のものなど存在しないという無常観を先験的に与えられている。建築という表現形式は社会との関係性のなかで存在し、社会を規定する権力も移ろい、絶対的な力の存在はない。

現在、世界の都市は経済活動のために再編され、都市の中心部はどこでも同じ構成のジェネリックな都市となっている。しかし、東京のような絶え間なく生成変化する都市形成のコンテクストのなかでは、固定化された状況は絶えず乗り越えられていく。そこでは資本の要求するシンボルが集積する都市中心部であるよりは、日常生活という弱い力に満たされている都市組成（アーバンティッシュ）のなかにダイナミックな「第三空間」が生産されているのだ。このような運動の先に、未来に開放される建築そして都市の可能性がある、と考えている。

［2014.04］

8 制度と建築

「壁」

都市にとって重要なのは、隠されたまま公的な重要性をもたないこの〔私的〕領域の内部ではなく、その外面の現われである。それは、家と家との境界線を通して、都市の領域に現われる。法とは、もともとこの境界線のことであった。そしてそれは、古代においては、依然として実際に一つの空間、つまり、私的なるものと公的なるものとの間にある一種の無人地帯であって、その両方の領域を守り、保護し、同時に双方を互いに分け隔てていた。
（『人間の条件』志水速雄訳、ちくま学芸文庫、1994、92頁）

山本理顕は、『権力の空間／空間の権力』（講談社、2015）の冒頭に「謎の文章」という項目を立て、ハンナ・アーレントの『人間の条件』から引用する。そして、この文章にある「無人地帯」（原文では"no man's land"）に強く反応し、この言葉から「閾という空間概念」に展開して論が進められる。確かにこのパラグラフは『人間の条件』のなかで気になる部分で、私もこの箇所を鉛筆で囲んでマークしていた。が、このパラグラフから数行置いて「都市国家の法とは、まったく文字通り壁のことであって、それなしには、単に家屋の集塊にすぎない町（asty）はありえたとしても、政治的共同体である都市はありえなかったであろう」（同、93頁）と書かれている。この文章のほうが私にとってはインパクトがあって、文字に横線を入れている。「法とは壁である」とするのは、ここでは空間の所有にかかわっているからである。壁で囲い込んで私的領域を確保し、それを守ることが法である。私的領域と私的領域の間にある所有を明らかにする壁、さらに、壁で囲い込み所有された私的領域の残余空間が公的領域となる。この空間の所有を示す境界線が壁であり、それが法であるとする。壁は視線を遮り人が交通できなくするものなのだが、そこに開口部を設けることで互いの関係性を表示することもできる。「開口部から見る者の姿が消えることで監視する権力が生まれ、見られる者が定常化することで抑圧の構造が生まれる」（『in-between』4頁）。関係を遮断することもでき、自由な往来も表現できる。だから壁は法であり、それは「制度」と言えるのだ。

私たちの生きる世界は自然に形づくられているのではなく、社会や都市の現れは制度によって取り決められている。近代という社会は、人々が自由に欲望するプライベートセクターの事物と、それを制御する官というパブリックセクターの〈間〉を取り持つ「制度」によって運営されているということもできる。そのプライベートセクターを構成するマーケットは、制度が存在しなければ限りなく資本の欲望に従って運動する。そのため官はマーケットを制度によって誘導しようとするが、その制度設計によっては、私たちの生活には大きな影響を与えることになる。

「テーブル」

もうひとつ、同じ『人間の条件』のなかに興味深い文章がある。

世界の中に共生するということは、本質的には、ちょうど、テーブルがその周りに坐っている人びとの真中に位置しているように、事物の世界がそれを共有している人々の真中にあるということを意味する。つまり、世界は、すべての介在者《イン・ビトウイーン》と同じように、人びとを結びつけると同時に人びとを分離させている。

（『人間の条件』79頁）

政治学者の齋藤純一も『公共性』（岩波書店、2000）のなかで、同じパラグラフを引用して、公共性の意味を「現われの空間」という概念から様々に検証している。in-betweenを介在者と訳しているのがわかりにくくしているようで、齋藤はそれを〈間〉という言葉で置き換えて、「世界はあらゆる〈間〉（in-between）がそうであるように、人びとを関係づけると同時に切り離す〈間〉である」としている。

このパラグラフの直前に「（……）世界は、人間の工作物や人間の手が作った製作物に結びついており、さらに、この人工的な世界に共生している人びとの間で進行する事象に結びついている」という文章がある。アーレントのいう世界とは、地球や自然環境ではなく、人為的な環境である。そこでアーレントがいう、「テーブル」が意味するものは、人々を関係づけると同時に切り離す〈間〉にある人工物であることがわかる。

そして、アーレントはテーブルが取り去られると、その周りに席を占める人々の関係性がなくなると続ける。「テーブル」を理解するうえではこの箇所が重要である。そこで、テーブルが表象するものは、実態をもった建築空間や都市空間であると想像できる。ここで空間のありようによって、人々の関係性が生まれたり、分離し孤立化させられるということが理解できる。『人間の条件』のなかにはmaterialization（物質化、具体化）という不思議な文章がある。邦訳では「物化」としてあるためか、いろいろと想像してしまうのだが、人間が自然環境から人工環境をつくりだすことを指しているように思える。それは、建築空間・都市空間のことである。山本理顕はこの「物化」によって「建築空間を実際に体験することによって、建築空間と共にその思想をリアルなものとして実感する」としている。建築または都市空間という実体は社会制度そのものを表現しているということである。

「無人支配」

『ハンナ・アーレント』という、アイヒマン裁判を描いた映画（マルガレーテ・フォン・トロッタ監督、2012）が評判になったことで、アーレントを知る人は多い。ナチス親衛隊の将校で何百万人ものユダヤ人を強制収容所に送ったアイヒマンに対して、アーレントは罰を与えるまたは許すという個人の犯罪の問題ではないとする。それは、善悪を自ら思考せず、そして判断せず命令に従う「無思想性」の犯罪なのだ。それを、『人間の条件』では「無人支配（no man rule）」という言葉を使う。

> 統治の最も社会的な形式は官僚制である。したがって、慈悲深い専制主義と絶対主義における一人支配が国民国家の最初の段階だとすれば、官僚制はその最後の統治段階である。ここから知られるように、無人支配〔no man rule〕は必ずしも無支配《ノー・ルール》ではない。実際、それはある環境のもとでは、最も無慈悲で、最も暴君的な支配の一つとなる場合さえある。（『人間の条件』63頁）

この話に続けるのは適切ではないかもしれないが、２００２年に施行された「都市再生特別措置法」は、都市で生活する人々に思いがいたらない。大手ディベロッパーによって構成された政府諮問委員会が提言したと聞いているが、この法は経済活動を行う都市の形成としては有益な制度であったのかもしれないが、人々が豊かに住まう未来の都市の姿を描いていたとは思えない。経済活動を主軸に置いたこの制度設計によって、都心部にはタワーマンションが立ち並ぶという風景が現前した。しかし、接地性のある低層の居住形式が生み出すコミュニティの保全を考えれば、タワーマンションという居住形式は、それとは異なるツリー構造の人間関係を肯定するもので、多様なコミュニティを阻害する可能性もある。そこに見るのは、制度を設計する側に人々の生活に対しての無思想性が存在することである。この無思想性の問題は2011年の東日本大震災後の復興の現場でさらに大きく顕在化したように思える。

東日本の津波で流された更地（タブララサ）には、この言葉も適切ではないかもしれないが、未来をつくる無限の可能性があった。復興計画の進行のなかで、この社会では統合的な街づくりの活動が困難であることが明らかになる。都市をつくる役割は土木、建築、インフラなどと切り刻まれており、担当するそれぞれのセクターが、その閉じた領域での最適解をつくりあげる。それは、部分は的確であっても、全体として見たときに不整合な集合体となる。私たちは巨大な自然災害の前で人間の無力さを知ったはずなのだが、そこに、さらに巨大な堤防をつくって自然を制御しようとする。人々がどのように住むかヴィジョンも立てられていないうちに、道路と電信柱による配電だけが復旧される。高台移転というアイデアで、山頂が平らに切り取られ宅地造成が行われる。そして、かつて都市が膨張したときに使われた戸建て住宅団地や公団型アパートが再び計画される。「無思想性」の官僚制度の社会では、すべてオートマティカルだ。そこで、まったく新しく計画する場合でも、既存都市が抱える問題が再現されることがわかる。人は連続した空間を生きている。しかし、その人の生きる空間は「制度」によって切り刻まれているのだ。

［2015.08］

第3部
都市

Fig.12：2010年ヴェネツィア・ビエンナーレ会場

建築という人工的な構築物は自然から人為的環境をつくるだけならば、自然との応答だけの問題なのだが、都市という政治的空間のなかの単位となることで、建築はさらに高度な文化的・政治的コンテクストのなかに存在することになる。建築という概念は都市のなかで定義される。

「テクストを生成する建築そして都市」は1992年に『建築文化』誌の特集「東京近未来風景」のなかで書いた論考である。受動的コンテクスチュアリズムに対して能動的にテクストを生成するというアイデアを書いている。そこで、その後登場するアイコン建築は、時代が要請していたことがわかる。当時はバブル経済が崩壊した直後なのだが、その深刻さはまだ理解していない。このなかで、ヨーロッパの都市とニューヨーク、そして東京を比較する都市論を始めている。そして、2005年の「アーバン・ヴォイド・プログラム」では「粒子状の都市」という概念をつくっている。このアイデアが東京の都市組織である木造密集市街地の生成変化の観測につながる。

2007年に『新建築』誌の巻頭論文で書いた「建築は集まって生活する根拠はつくれるか」という論考で、自らが措定した東京という都市の輪郭を確認している。その時間の経緯のなかで、この都市の輪郭が見えてきたのだ。そして2010年のヴェネツィア・ビエンナーレ国際建築展では「歴史上存在したあらゆる都市は、何らかの偏在する大きな権力によって形づくられてきた」として、権力が解除された東京という都市のなかで、人々が主体的に集まって住む根拠を与える〈新しい建築〉が登場し、〈新しい都市〉をつくるのだ、というアイデアを表明することになる。

1　テクストを生成する建築そして都市

ルドゥ、サンテリア、ヒュー・フェリス、アーキグラム、スーパースタジオ、そして、『2001年宇宙の旅』、『ブレードランナー』、『未来世紀ブラジル』、まだ見ぬ未来の風景は、いつの時代にも描かれる。そしてこの未来のイメージが現実の風景に転写されていく。

テクストのネットワーク

東京の近未来の風景は、大規模プロジェクトがガスの湧き出る泥沼のようにまだらなシマをつくり、そのシマの間を埋め尽す小建築群も活発に再編されていく、そんなイメージがある。

東京は江戸から続く、自然地形に対応した都市形成が行われており、広大な庭園を抱える大名屋敷の〈囲い地〉がシマのように数多く存在していた。この広大な〈囲い地〉が大規模再開発を受けとめ、都市が更新されているのだ。そのため都市構造そのものは大きく変化することなく、いとも簡単に生成変化を行っている。現代では、車による移動という自在な交通手段と情報技術の変化によって、都心部ならばどこでもポテンシャルは等価とみなされる。あるいは開発によってポテンシャルそのものを生成することが可能である。だから、開発動機のまとまった〈囲い地〉のシマが再開発され、周辺の環境とは不連続な新しい街が出現する。これがアーキペラゴ（群島）のような散らばったシマを生むメカニズムである。開発されるシマのなかでは最大限の経済効率を狙うプログラムによって、閉じたシステムの建築環境が組み立てられる。

　このシマの間を埋める小建築群で構成されるエリアもまた、経済ポテンシャルの変化にともない再編が進行する。専用住宅が居住部分をもったまま用途複合されてゆく。地表階が店舗、中間階が賃貸、最上階がオーナー住戸となるのがその典型的なビルディングタイプである。これは同一の建物のなかに経済的下部構造をもちつつ生活するという、いわば小さな経済システムの成立のもとで生まれる形式である。アーバンスモールビルと命名されたこの種の建物は、今の日本の都市コンテクストに成立する特異な形式であり、シマをつくる大規模プロジェクトとは異なったコードによって建築が生み出される。大規模再開発では、クリティカリティがきわめて高いためどこでも同じ解答になってしまうのであるが、他方、このアーバンスモールビルはきわめてパーソナルな感覚によってプログラムがつくられる。

　ここでは大規模開発とは異なった鋭敏な時代感覚が活かされている。たとえば、都市に開かれた中間領域をもつことで商業アクティビティを活性化させようと意図するもの、階高を最大限にとった豊かな空間量による付加価値を生み出そうとするもの、共用部分にアイデアあふれる操作を加え他の建物との差別化を図ろうとするものなど、新たな価値観に基づいて、用途地域、建蔽《ぺい》率、容積率、そして税制といった規制制度のフレームワークのなかで、考えられうる様々な試みが行われている。

俯瞰すれば、シマとシマの間を埋める海のようなエリアという構図は、図と地の関係を成立させている。しかし、個々の建築をみていくと意識のなかで図と地というヒエラルキーシステムはもはや存在しないのかもしれない。東京は壮大な都市景観というよりはむしろ、日常的に認識される小さな粒子《グレイン》の集合として捉えられる。体験者にとって、都市の認識は建築の規模とは無関係であるし、さらに都市構造となると認識のレベルからはずれてしまう。ここで磯崎新の「見えない都市」という概念は了解できる。

しかし、この10年、急速に進む社会的価値の変換に対応して、個々の建築も変質している。建築が単に機能を満たす道具としてではなく、社会に向けたテクスト生産の手段として捉えられてきている。このような建築の出現によって、東京はコンテクスト不在の記号の布置としてではなく、テクストの織り成すネットワークとして捉えられるものとなる。

そして未来風景

いずれにせよ、このような都市風景の成り立ちは歴史上特異である。ギリシアのポリスをルーツとするヨーロッパ型都市は、都市全体がひとつの巨大な建築として捉えられる。これらは単一の価値観で形成されていた産業革命以前の社会システムを前提として、単一の権力システムの下でつくられた都市風景である。ニューヨークに代表されるアメリカ型都市は、都市自体が生産拠点となった高度な資本主義社会において成立する。この都市は効率のよい生産拠点として、合目的、合理主義思想の軸線上にある資本の論理によってつくられた都市風景である。

そして今、東京は歴史上いまだかつて存在したことのない都市を形成しつつある。それは生産と効率を旨とした社会システムから離脱し、東京が新しい価値観のもとで成熟した都市文明を構築するバックグラウンドを備えたことに起因する。20世紀初頭に世界の富が集積し、時代を象徴する価値観を提示したアメリカ型都市を20世紀のシステムとするならば、東京の様相はまさに、20世紀システムから21世紀システムへの移行として捉えることができる。

20世紀システム	**21世紀システム**
INDUSTRIAL SOCIETY	POST-INDUSTRIAL SOCIETY
URBANIZING SOCIETY	URBANIZED SOCIETY
〈生産〉	〈生活〉
貧しい時代	豊かな時代
ツリー構造	リゾーム構造
効率	冗長

マスカルチャー　　　　パーソナルカルチャー
エリート文化　　　　ホロス文化
自然征服型文明　　　　自然包括型文明
物質開発型　　　　人間開発型
ユニバーサルシステム　　　　ローカルシステム

以上のような価値体系のパラダイムシフトのもとで、都市形成の大きな胎動が始まりつつある。冒頭に提示した未来の風景のような単一のイメージでは、東京の未来は語ることはできない。都市は連歌のように、各時代に書き加えられたものの総体として読み取られる。われわれの都市は単一の書き手によるものではなく、複数の書き手が見えないコードに従って書き連ねられたものなのだ。この場合のコードとは制度や経済システムや時代感覚である。個々の自由な改編が進行する東京では、ハードなコンテクストによって建築は成立しえない。ここでは表現としての様式は無効となる。

巨大再開発が進行するシマは20世紀システムをさらに継続すると考えられるが、シマとシマの間にある海のような東京は、見えないコードに支配されながらも時代の価値観を主題とした、都市に対してテクストを生成する建築が埋め尽す。建築に与えられたイメージの総体として、確実に東京という都市の未来風景は出現しつつある。

［1992.04］

2 アーバン・ヴォイド・プログラム

経験する都市空間

都市は建築物の集合体である、とあたりまえのように頭のなかでは思っていても、実際に都市を経験する人は個々の建築の集合として都市を認識しない。私たちの都市を歩いてみても、そこには様々な幅員の道路や歩道、コインパーキングや空地、塀に囲まれて建つ一戸建てと7階建てマンションの並存、建物と建物の間の猫しか通れない奇妙な隙間など、この雑多な空間のありようから定かには都市という実態を認識することはない。

パリのメトロから地上に出ると、そこには高さのそろった都市立面（アーバンファサード）で切り取られた大きなブールバールがあり、その軸線の焦点にランドマークが置かれている。それはまるで、都市という大きなシステムのなかにいるということを、絶えず市民に教育するための装置のようだが、私たちの都市は違う。駅の改札を出ると、蕎麦屋の暖簾が目に入り、ガードレールや電信柱、様々な看板、自販機など、私たちの都市のイメージは微細な都市要素（マイクロ・アーバン・エレメント）の集合のなかにある。

制度がつくる風景

日本では、法的に建築はひとつの敷地のなかにひとつの建築物が建てられることになっている。民法上の敷地境界からの離隔距離、そして敷地周囲から道路斜線、隣地斜線、高度斜線、日影規制等々の法的制限がかけられてエンベロップが決められている。建築物の周囲に空地をつくることで斜線の緩和を受け、この形状は変化する。そして、このエンベロップのなかではどのような建築をつくってもOKということになっている。だから日本の都市空間はフリースタンディング・オブジェの集積となっている。

こんなゲームのように面白い法的制限をパロディーのようにしてつくられたのが、ヘルツォーク&ド・ムーロンが表参道に設計した《プラダブティック青山》(2003)である。都心部の重要なストリートに周囲に空地をとったフリースタンディング・オブジェのような建築というのは、西欧の都市の中心部ではあまり考えられない。日本ではこのように建築物の周囲に空地を設けたほうが高い建物を建てられるのだ。

密集市街地に建つ住宅も同様にひとつの敷地にひとつの建築物が建てられる。同様のエンベロップがかけられているのだが、ここでは建蔽率、容積率という法的制限のほうが効いてくる。どんなに小さな敷地にも同じ率の制限がかけられているため、極小の敷地となっても極小の空地が必ず用意される。さらに民法によって建物は敷地境界線から0・5m離さなくてはならないので、建物は必ず1mの間隔を空けて建てられる。だから密集市街地では陳列ケースのなかに並ぶいろいろな形のショートケーキのような様相となっている。

私たちの都市空間には隙間を多くするように誘導する法的制限がかけられている。この建築基準法は1950年に制定されたものであるが、木造住宅が密集する当時の劣悪な都市空間のなかで通風・採光を確保すること、地震・火災などの災害に対応することを主眼としていたのではないかと思われる。が、そのため現在私たちが経験する都市空間は連続性がなく分断され、雑多な様相を示している。そこには統一した美学的な意志はまったく介在していない。

粒子状の都市

イタリアの中世都市を歩いていると、連続する壁体に都市という塊体があることをリアルに感じる。他方、私たちの都市では建築物が連続することはなく、敷地ごとに個々の理屈で自在に自律している。だから私たちの都市空間は塊体《マス》ではなく、粒子《グレイン》の集合体であると考えたほうがよい。この隙間の多い多孔質な都市空間のなかに身体を置いていると、その隙間から思いがけない風が流れてきたり、庭木を通して優しい陽が射してくる、そんな体験をすることがある。

法的制限によって誘導された、この隙間の多い都市空間の構造は、乾燥したヨーロッパの都市空間とは異なる、東アジアのモンスーン気候に適合した環境対応型の都市空間が生まれていることとに気づく。世田谷などの密集市街地では敷地が細分化されたなかでも大きな庭木が守られ、遠景すると住宅と樹木が密実に混在した不思議な風景が生まれている。

この多様な外部空間をもつのが私たちの都市空間である。西欧における近代都市モデルとは異なる論理で都市が形づくられている。そこで、西欧で開発されている都市の発達モデルとは異なる、固有の都市モデルを開発する必要があると考える。西欧においては都市の実体である建築物そのものを対象とすることで都市空間は制御できると考える。しかし、この多様な外部空間をもつ私たちの都市空間を語るとき、建築物という実体だけを対象としても、現実に経験する都市空間を記述することはできない。

私たちの経験する都市空間は建築物という実体ではなく、建物と建物の間にある空隙なのだ。その都市空間の空隙を扱うのに、鋳型《キャスト》をとるように都市空間のなかから外部空間を抜き出すという概念を導入してみるのはどうだろう。そこではこれまでの建築学が扱ってきたものを超える新しいデザイン領域が存在する。私たちの隙間の多い多孔質な都市を制御するには、こんなネガティブ・デザインとでも言える計画手法が考えられる。ひょっとするとこの不連続な隙間だらけの都市空間こそ環境対応型の未来都市の原型になる素材かもしれない。私たちがすでに獲得してしまったこの都市空間を肯定し、さらに持続可能な都市へ変成させるために、鋳型のような外部空間に着目して都市空間を定義づけることが有効ではないか。

［2005.04］

3　都市の環境単位

都市をつくる原理は何か?

この数年、大学院のスタジオで「都市の環境単位」というタイトルの課題を出している。これは、都市空間のつくられている原理が、制度や経済原理といった人間の身体よりはるかに大きい概念によって組み立てられているために、そこには私たちの居場所がないという感覚があることを問題にしているのである。制度や経済原理は形を付随しない。そのために、どこにいてもどこまで行っても同じような風景となり、特異点のない均質な都市空間を生み出しているのではないか。そのような現代の都市に用意されている空間のあり方によって、私たちは場所に対する愛着がなくなり土地への帰属意識は喪失し、同時に都市のなかでは共同体の意識がもてなくなったのではないか。私たちの目の前にある現代都市の空間は、どのような理屈をもって出現しているのか、そして、人間の生活の場からこの都市空間を再定義することができないか。こういった問いをめぐる課題設定である。

経済活動ゲームのなかで失う空間の組成

たとえば、都市近郊の住宅地にある土地は、ほぼ同じ規模に区画され生活のために誰かに所有されている。現代の社会で最小の社会集団とされる、家族に対応する住戸を収容するのに都合のよい大きさに土地が区画されている。しかし、その区画がひとつの家族にとって最適解の住戸規模であるというよりは、この土地を開発して分譲住宅地という商品に成立させるために、その投資額と利益に見合った価格設定が行われ、土地の広さと住戸規模が決められているのだ。それが、この社会の成員の平均的所得とバランスがとれているから、近郊住宅地は同じような規模（グレイン）の住居で埋め尽くされる。都市の中心部を構成する、経済活動のために所有されるオフィスビルの生成原理はさらに厳密である。その不動産は投資コストに見合ったパフォーマンスが要求され、情緒的判断が入らないためブレは少ない。そのためオフィスビルで構成される都市空間はさらに均質である。都市を構成する建築群はこのような近代社会のシステムを支えるために構築されている。

そのなかで生活と対応する店舗はどうだろう、たとえばコンビニの都市内の配置はその商圏の拡がりによって決まっている。マーケットメカニズムによって決められるコンビニの分布密度は都市のなかで均質である。広大なマーケットエリアに対応する大規模ショッピングモールでは、その規模に見合ったパーキングの台数が用意され、マスマーケットに向けた的確な商業空間が設計されている。そして、周辺に存在していた地縁的商店は圧倒的な流通産業に敗北し消滅する。現代の都市はまるでゲームのように組み立てられているのだ。そこでは、近代以前の自然集落の社会がもっていた人間の身体やその活動である生活から形成された組織とは、まったく異なるルールで空間が形成されている。そのなかで、基盤のように存在していた人間の生活に対応するような空間組成は破壊されていくのである。

身体スケール復権のためのスタディ

人は絶対的な個としては存在できない生物である。そのため何らかの集団を形成するのだが、その集団のあり方に対応する空間が用意され、空間の集合形式をつくりだす。それが住居、集落や都市と呼ばれているものだ。自然集落では空間の拡がりは経験し知覚する人間の身体スケールと対応している。そこでは自分のいる空間は身体の延長の様であり、そこにいる集団の成員全員のアイデンティフィケーションが可能であった。人はそのようなネイバーフッドの泡のなかで生きていた。そして、それを超えるスケールとなったときはもうひとつ別の泡が用意され、その泡が重なりまたはネットワークを形成し、最後には都市という形式をもったのではないか。ところが現代の都市のなかで、ある空間の拡がりをすくいあげてその集合をみても、そこには人間の身体スケールに対応する空間や集団は見あたらない。都市の群衆のなかでは自分の居場所は特定できず、絶対的な個である状況と同じである。物理的に人間という生物集団のなかにいても孤立している。

現代の都市空間は、それが生み出される計画の上位概念に人間の存在が欠落しているのか、または何かが間違っているのかもしれない。そこで、この「都市の環境単位」という概念を導入して現実の都市を観察することから始める。現代都市のなかで共同体意識をもちうるのかという視点をもって、旅行者のようにこの都市空間を観測するのである。旅行者のような視点を獲得して都市空間を見てみると、人間の生活の場から乖離して制度的に用意されている空間やルールが何か奇妙なものに見えてくることがある。その奇妙な空間やルールを再設定することで顕在化する世界を記述しようとしている。それはリアルなこの都市空間を肯定しながら、新しい空間組成に変換することとなのだが、そんな発見的な「環境単位」が継続するスタジオでいくつか定義できている。

思想としての「環境単位」

この「環境単位」という概念は、当初は経済活動を中心とする現代都市のなかで失われてきたコミュニティの再生をテーマにしようと考えていた。それはゲゼルシャフト化する人間関係のなかに、新しいゲマインシャフト的集合を創造することでもある。現代都市のなかに集落的空間を提案することは、実は「近代」というパラダイムそのものの組み換えを提案していることになる。それは、クロード・レヴィ＝ストロースの思想を受けてアンリ・ルフェーヴルが展開した現代都市批判と近似している。しかし、この「環境単位」というアイデアは空間の提案という未来に向けた企図であることが重要である。批判行為という現在に留まるものではない、未来に接続するアイデアなのだ。それは、都市のなかに明快な公的空間を設けることで監視を行うヨーロッパの都市空間ではなく、資本主義が切り刻む都市空間にあっても所有の曖昧な集落的空間を残す東京の住宅地域から構想するものである。20世紀後期に興ったポストモダニズムは、欧米圏固有の問題であった。モダニズムというヨーロッパ文明からの自律という概念をもった脱モダニズム運動として、そして私たちの都市文明を形成するものとして、「環境単位」を捉えようと考えている。

［2007.05］

4 建築は集まって生活する根拠はつくれるか

アイコン化する建築

21世紀初頭、東京の街は1990年代のバブル崩壊の負債を抱え、経済の停滞期を抜け出せずにいた。また経済が不活発であったために土地価格も低く抑えられており、世界の大都市のなかで東京の地価は割安感があるという話を聞いていた。同時期、この1990年代には経済のグローバリゼーションは急激に顕在化し、資本は国家の枠組みを超えて最適な位置に簡単に移動することが明らかになっていた。

東京では、グローバルマーケットを対象とするスーパーブランド企業が、銀座・青山界隈に土地を購入し、旗艦店（フラッグシップ）と言われる独立店舗を競争するように建設した。エルメスは1998年に銀座5丁目の580㎡の土地を100億円弱で、プラダは1999年に南青山5丁目の984㎡の土地を約60億円で、ヴィトンは2000年に神宮前5丁目の577㎡の土地を40億円弱で、いずれも現金一括で購入したそうである（「ブランドに買われる日本」『AERA』2000年10月）。当時エルメスは、地域別売り上げシェアで、創業以来ずっとトップだったフランスを日本が抜き、

Fig.13：プラダブティック青山店

その日本法人の年商は２７８億円であった。また、ヴィトンは１３５７億円、プラダ・ジャパンの年商は３００億円と言われ、日本が世界のスーパーブランドにとって重要な戦略的マーケットであることが明らかになっていた。プラダの日本における旗艦店である《プラダブティック青山》は、20世紀末に企画され、竣工したのは２００３年である。ヘルツォーク＆ド・ムーロンが設計し、１００億円を超えると言われる〈土地＋建築〉総事業費は、当然のことながら広告宣伝費のなかですべて回収される。

《プラダブティック青山》は免震装置によって地盤からアイソレイトされ、外装の格子状の網籠そのものが構造体という建築である。構造体そのものが菱形のガラスを受けているので、表層には装飾という二次構成材は存在しない。というか、建物そのものが装飾（ダック）のようである。その記号性を強化するように建物周囲は空地がとられ、周辺の街並みからはきれいにアイソレイトされている。この建築は際だった広告塔のように出現し、多くの顧客を集めている。垂直に流れるようにつながる内部空間を体験していると、この建築そのものがテーマパークのようである。

これはクライアントであるスーパーブランドが要求する広告宣伝という役割に見事に応えた優れた建築なのだ。２００５年に日本建築学会作品賞を受賞し、建築の新しい潮流を指し示した。

この《プラダブティック青山》はアイコン化し周辺の街並みから切り離された、土地のコンテクストとは無関係に建つスーパーブランドの広告塔だ。唯一、この建築が場所に存在するコンテクストに対応しているのは道路斜線という眼には見えないルールである。まだ天空率が施行される前だったので、敷地境界から逃げれば高さが上がるというゲームのようなルールを設計者は楽しんだに違いない。この後、東京には数多くの話題性のあるスーパーブランドの建築が生まれ、建築メディアのなかでも中心的なテーマとして扱われている。その場所に行かなければ経験できない、土地に拘束された建築そのものに広告価値があるためにはいくつかの条件が必要である。立地する場所がブランドイメージに適合する土地であり、建築家も世界トーナメントに出場するブランドであること、そしてもちろん建築そのものがブランドを表象していなければならない。利那的に時間のなかで垂れ流され消費される広告媒体に対し、建築は実在し、話題をとればメディアがオートマティカルにその価値を増幅させる。イメージを売るスーパーブランドの企業にとって、〈土地＋建築〉の投資コストはブランドイメージを構築する出費として計算が合うのである。

このような広告塔としての建築は立地する街のイメージは使うのだが、その街並みから切り離されていなければアイコンにはならない。アイコンとして表層が重要となるから、装飾や看板などの二次構成材を用いない。基本的にダックである。街のなかでアイコンとして認識されることが重要なので内部には無関心である。それはその内部に展示する商品がいつでも入れ替えられる必要があるし、そのつど商品陳列が容易であるように、がらんとしたギャラリーのようにしつらえられることが要求されているからである。外装と内部空間は無関係に自律する。だから外装だけで着ぐるみのようにつくられてアイコン建築とされることもある。日本ではヨーロッパの都市と異なり都心部でも建築物が連続体としてつくられていないので、このようなアイコニックな建築が次々と生産されているのだ。

建築を生産する社会

20世紀初頭、ヨーロッパで始まる建築におけるモダニズム運動は、当時台頭してきた新しい市民社会に対応した建築であった。正確に言えば産業構造が変革するなかで、それ以前の社会を支配した権力セクターが退場し、それまでとは異なった新しい社会に移行した。その社会を主導する裕福な市民層《ブルジョワジー》が登場し、その市民層をクライアントとした建築のあり方が生産されたのだ。それがモダニズム運動である。それ以前の社会では建築を企図する主体は王権や宗教権力などの社会を支配する権力セクターであり、そこでは建築は権力という眼には見えないものを表象する言語として構想されていた。モダニズムの建築はそのような建築とは異なり、権力という力を表象するものではなく、逆にその力を解除した建築として構想されていたように思える。建築は新しい市民社会の生活様式《ライフスタイル》そのものを表現するものであった。

モダニズムの建築はそれまでの実体としての表象ではなく、建築をメタレベルの存在に持ち込んでしまったのである。様式は無意味なものになり、建築は人間の行為に対応する装置になった。「住宅は住むための機械である」というル・コルビュジエの過激な宣言は、新しい概念を発見した喜びに満ちている。モダニズム建築の主役は生活する人間である。だから、形態それ自体には重要な意味を与えず、その意図を明確に伝達させるように抽象性を強化させた。そのためにモダニズムの建築は、周囲とは切り離されたオブジェクトとして認識されるのだが、本来的には、モダニズムに適合するライフスタイルのある場所にはどこでも再現（リプレゼンテーション）可能なシステムであると考えられるのだ。

20世紀前半に、それまでの社会を切断するという思想をともなったモダニズム運動は、20世紀後半になると資本原理に回収されるようになる。社会そのものが利便と効率を求める経済システムによって組み立てられる。利潤を追求する巨大企業が都市の中心に集積し、効率よく都市労働者とその家族を収容する住宅が都市近郊に貼りつく。人は就業地と居住地の往復運動を行うのがあたりまえの日常となる。そこでは都市は経済行為を行う装置であり、都市に集合する根拠とは経済そのものになっていた。アンリ・ルフェーブルはこの都市状況を次のように記述している。

近代世界の空間は、均質性―断片化―序列化というはっきりとした性格をもっている。この空間はさまざまな理由から均質性へと向かう傾向をもつ。同じような介入を求められる諸要因と物質の製造、管理と統御の方法、監視とコミュニケーションの方法が均質性を推し進める。均質性といっても、それは計画の均質性ではなく、構想の均質性である。ひとびとは集合しているが、それは虚偽であり、事実上は隔離されている。

(『空間の生産』斎藤日出治訳、青木書店、2000)

と記述される、近代社会が要求する空間はアイソレイトしている。都市に用意される集合住宅は、遮音性能の高い界壁によって区画され、同じ規模の住戸単位が最小限の幅員をもつ共用廊下によって並べられる。その住戸単位はスチールドアで共用廊下から区画され、内部に入ると窓は無限遠に向かう。たとえ隣戸で人が殺されていてもその気配は感じられない。

近郊の分譲住宅地では、敷地規模のそろった宅地に少しずつスキマを開けて、同じような規模の住宅が立ち並ぶ。ディベロッパーは立地によってマーケットを設定しているから、そこで扱われる住宅は同じような規模で同じような価格帯の商品となる。ここに集まり住まう人々は、マーケットによってセグメント化された消費者として等質な人々の集まりであるだけで、集合の理屈はそのほかにはない。敷地規模の小さな分譲住宅地であっても必ず一戸建てであり、その隣棟間にわずかなスキマを開けて立ち並ぶ。これは日本ではひとつの敷地にひとつの建物しか建てられないという法律があり、外壁を敷地境界から０・５ｍ壁面後退させなくてはならないという民法の規定があるからである。分譲住宅地では規模は均質なのだが、少しずつ色や形の違う住宅で埋め尽くされる。内藤廣がこのような風景を「意気地無しの風景」と名づけたが、同じような規模の区画割のなかで、精一杯の個性を示す分譲住宅地の風景は、この国に平等な市民社会が存在し、民主主義が機能していることを表現している、と同時にこの均質性のなかで人々は分断され孤立化しているのだ。

都市を消費するメカニズム

１９６０年に提出された「メタボリズム」という概念は、都市が新陳代謝して更新されていくというものだが、ひとつの敷地にひとつずつ建築が建てられるというこのシステムによって実現されている。一定のスキマをもって建築が立ち並ぶ日本の都市風景は遠景すれば色鮮やかで均質な粒子《グレイン》のカーペットにみえる。それは周囲との関係性を必要としない勝手気ままなフリースタンディングの建築物の集合である。日本の建築のライフサイクルが短いのはその変化を担保する社会システムが存在するからである。日本の都市は同じような規模の建物がショウケースに陳列されるショートケーキのように立ち並ぶ。都市は〈土地＋建物〉がセットとなった区分可能な商品の集合である。そしてそれぞれの商品はショウケースのなかで少しでも高価に見えるように身体をくねらせ精一杯周囲との差異化を図る。都市の構成要素である小建築も区分可能な商品としてアイコニックに変容しているのだ。ヨーロッパでは日本のマンガとともにこのカワイイ日本のアイコン建築はブームである。

21世紀に入って都市再生特別措置法による容積率の緩和などが矢継ぎ早に打ち出され、東京の湾岸地域にはタワーマンションが林立し始めている。今後200本ほど計画されているそうだが、計画地はほとんどが工場跡地などの産業用地である。湾岸地区の大型の産業用地であった敷地が、産業構造の変化に従って高収益を上げるタワーマンションの計画地となっているのだ。もともと生活をサポートする施設のないエリアだから、周囲とは無関係に敷地内で自己完結した計画となる。百年後にはスラムになるとも言われるが、隣接しながら互いには無関係に自律し、増殖を続ける。このタワーマンションもアイコンとして認識される新しい都市のプレイヤーである。日本の都市を構成するあらゆる建築は資本ゲームの取り替え可能なコマなのだ。そして、このようにして日本の都市風景は簡単に更新されていく。

共同体を要請する空間

都心周縁部の木造密集地域は、敷地が細分化され所有関係が複雑であるため、大規模開発は行われないが、良好なコミュニティが保全されていることを資源として、小さな規模での建築の新しい試みが行われている。

《ハウス&アトリエ・ワン》(アトリエ・ワン、2005)は小さな建築であるがとても重要なメッセージが込められている。都市に存在する様々なネガティブ・スペースを積極的に評価して、それと実空間を同一化し、そこからまったく新しい空間(第三項空間)を立ち上げようと意図されていることがわかる。隣地に向けて大きく開いた開口はスキマのように存在する残余空間を通して、隣家の外壁までを自らの領域に取り込んでいる、と同時に、そのスキマの存在によって隣家との関係は抜き差しならないものに持ち込まれている。ここでは都市のなかの残余のスペースに、それまでとは異なる意味が与えられているようである。

また、《森山邸》(西沢立衛、2005)はさらに明快な戦略をもって敷地の概念を解体している。計画する建築そのものに、多様なスキマのような外部空間を抱き込むことで、周囲の街のなかに存在する微細な外部空間と連続し、その環境のなかに同一化し

Fig.14:ハウス&アトリエ・ワン

Fig.15:森山邸

Fig.16:洗足の連結住棟

ている。ここでは実空間とその実空間によって切り取られた残余空間が等価に扱われているようにみえるのだが、さらには主体がこの残余空間であり、まるで実空間は残余空間のためにあるようにみることもできる。この空隙のネットワークによって諸室は濃密に関係させられ、集合して住むというプログラムを強化していることがわかる。ここでは新しい建築の規範が生み出されているのだ。

このふたつの建築は、敷地というリアルな拘束を、理念上または実空間の経験として解除する方策を指し示している。ともに生活に関係するプログラムであることに注意する必要がある。自作である《洗足の連結住棟》(2006)では、通常の計画手法では大きなボリュームとなる一棟建築を解体して分割すること、その分割によって生まれる残余空間をもうひとつの主要な計画対象と考えたものである。このネガティブ・スペースによって住戸間相互の関係をつけるのだが、それは互いの生活の気配を否応なく感じるものとすることで、相互の心遣いと配慮が要求されるというものである。

このような計画概念が提出されているのは、生活に対応する空間を構想するなかで、パブリック／プライベートという二項対立でその計画を管理することには限界があり、現代の社会ではそれがさらに空間の孤立を進行させていることが明らかだからである。そこでは、20世紀後半から資本を中心とした社会のなかに顕在しているコモンズ／マーケットという上位概念としての対立項を検討の項目に組み入れることで、新しい空間の構成が展開できるか検証されているのだ。近代に開発された集合住宅は、同じような規模の単位空間が共用廊下によって並べられ、開口部は無限遠に向かい隣戸の様子は覗えない。人間の生活は管理され、隔離された人々が収容される容器のようである。それに対して、家と家の間のスキマのような所有の重なる外部空間では、否応なく身体がぶつかり、互いの視線が交錯する。そこでは、身体をもった人間が互いの動作に思いやり気遣わなくてはならない。互いの関係性を決定する行為の主体が人間にあるため、人間を管理するという意図は成立しないのである。そして、このような関係性の存在が、共同体であることを意識せざるをえない空間を生成するものなのだ。

日本では「一敷地一建物」や「民法上の壁面後退」という制度によって、建築はアイコンとなることを誘導されている。そして、敷地のなかでは所有者の最大限の自由が保障されている。このような都市状況のなかで、建築は周囲の環境と無関係に自律し、最大限の自己の利益誘導を図ることを可能にしている。しかし、建築は都市のなかで決して自律的に存在しているわけではない。共同しつながって存在していくようなイメージは組み立てられないか。アイコンのように自閉して存在するフリースタンディング・オブジェの美学ではなく、またはタワーマンションのマーケット効率でもない、そのオルタナティブとしての新しい建築概念が要請されている。それは、生活をする人間の側に主体がある、人間の集合形式に根拠を与える空間である。なぜなら、集まって生活することの根拠（＝都市の存在理由）こそ現代の社会が真剣に必要としている事柄であり、それに答えられる領域はこの建築という概念しかないのだから。

［2007.08］

5　密集市街地から学ぶこと

コンパクトシティ

コンパクトシティという言葉をよく聞くようになったのだが、その意味するところは様々である。基本的にはギュッとコンパクトに集合している都市のイメージなのだが、それは市壁で囲まれ建築の塊でつくられたようなヨーロッパの中世都市をイメージしてしまう。20世紀は人口の増加と経済の拡大に支えられ、都市は拡張し郊外の緑地をスプロールによって破壊してきた。20世紀の開発原理となっていたハワードの田園都市は、都市化されるはずのない郊外地まで開発をする理屈を与えていた。そして、ル・コルビュジエのアテネ憲章では、都市を効率よく使う道具として捉え、機能別にゾーニングを行うことを示していた。このゾーニングによって、20世紀の都市では業務中心地区は誰も人の住まない地区になってしまった。

コンパクトシティという概念が提出されたのは、1990年に欧州委員会が都市環境に対する提言として出された『都市環境緑書』である。拡張を続けた20世紀の末に、人口の増加はピークを打ち、しだいに縮減する社会をむかえ、次世紀に向けて持続する《サステイナブルな》都市が構想される。その未来都市の策定を、ヨーロッパの人々にとってはユートピアである地中海世界の中世都市に求めたのではないか。人口が急激に減少し穴が空いた郊外を緑地に戻し、疲弊した都心部は小さな外部空間を再編して高密度に使用できる空間へ再生するという方策が試みられている。このコンパクトシティで狙われていることは、歩ける距離に人々が集まって生活することで、都市拡大によって失われたコミュニティを再生すること、コンパクトに生活することによってエネルギー消費を下げ環境負荷の小さな都市を形成すること、さらには、高齢化する社会に対応する空間構造をつくりだすことである。20世紀の社会は交通インフラを整えることが中心原理であったが、ここではモビリティのレベルを下げるという変換が試みられているのだ。

日本でも2004年に人口のピークを打ち始め、長期的な人口の減少が始まる。2050年には人口は現在の4分の3に縮小すると言われている。しかし、同時に都市への人口集中は進行し人口の過半は都市居住となることが想定されている。人口が減衰しながら都市に人口が集積するという社会をどのようにデザインするのか、その検討が要請されている。

ハイパー・ミックスド・ユーズ

ヨーロッパで構想されるコンパクトシティでは、20世紀に厳格に進められていた用途地域を区画するゾーニングを見直し、用途を混在させることでコンパクトシティを実現させようとしている。住まう場所と仕事の場所を近くに設け、さらにレストランやカフェ、生活用品を売る店、生活をサポートする施設、小さな公共空間などが歩ける距離に混在する環境である。

　このような様々な施設が極度に混在した環境は、日本の都市の中心部からはずれた近隣商業を抱える密集市街地ではあたりまえに存在する。東京の吉祥寺や下北沢などである（東浩紀・北田暁大『東京から考える』NHKブックス、2007）。そこでは昭和初期に住宅地として開発されたエリアが、戦後も道路幅員の狭いまま継承され、それが建て替えに際して細分化されている。この密集した住宅地のなかで住居が店舗に転用されていたり、仕事場として使われている。少し大きい戸建て住宅はゲストハウスと呼ばれるシェアードハウスになったり、何人かで共同して住まうコレクティブハウスになっていたりする。さらに、このような生活をサポートする施設も参入している。通常はこのような様々な機能が密集すると互いの相隣関係の調停は難しくなるのであるが、このように異なる機能が共存できるのは戸建て住宅が自律して個別に更新できるスキマという緩衝帯があるからだ。東京の混在したこのような木造密集住宅地は、コンパクトシティというほどの密度はもってはいないが、この極度に混在した環境の制御のなかに未来の都市型コミュニティのモデルがある。

アーバン・ティッシュ

ヨーロッパの都市は連続する壁体で外部空間が切り取られているために、都市は建築の量塊のように感じられる。外部空間は街路も広場もソリッドによって切り取られたヴォイドとして空間の質は同一である。この外部空間の配列やネットワークによって都市は組織されている。高密度な都市空間はこの外部空間の制御によって成立しているのだが、これは夏に乾燥している地中海式気候に対応した空間構成だ。具体的には、たとえばバルセロナの中心市街地は細やかな外部空間がネットワークされており、まるで密実な建築の量塊に光や風を送り込むための穴が穿たれているようだ。さらに、都市内を歩いているとノリの地図のように、経験する都市空間は公的な空間と私的な空間の白黒の二色で記述できるように感じられる。ここには物理的な内部と外部のほかに、都市のなかに公共空間という概念があることを教えてくれる。その公共空間も同様に明確に区画されている。

一方、日本の外部空間は明快な構造性はなく、様々な性格をもったスキマのネットワークとして存在している。内部と外部は曖昧に接続する。ヨーロッパの都市にあるように外部空間には明快な性格が与えられていない。日本の密集市街地では民法上に決められた敷地境界からの離隔距離と建蔽率、容積率によって、宅地が細分化しても一定の空地が残るメカニズムをもっている。戸建て住宅ではどんなに規模が小さくても敷地境界に塀を建て、庭とは呼べない隙間に庭木が植えられる。このような外部空間を多量に含んだジューシーなスポンジのような都市空間は、もともとはこの国が定めた法制度によって生まれた都市環境なのだが、建物と建物の隙間を流れる風や優しい木漏れ日を感じることのできるこの細やかな外部空間の存在から、温帯モンスーンの気候風土に適合するものであることがわかる。また、このようなスキマという緩衝帯をもつことで、それぞれの内部空間は自律し、自己更新する（メタボリズム）ことも可能となっている。

スクリーンとフィルター

アルプスの北のヨーロッパは、夏は乾燥しており日陰に入れば快適で、そのかわり冬の寒さが厳しいため、冬の気候に対応する環境技術が中心となる。持続可能な社会構築を目指し、1996年3月にトーマス・ヘルツォークが第4回（建築および都市計画における）太陽光エネルギーヨーロッパ会議に提出した欧州憲章では、ビルディング・フィジックス（建築物理）という概念によって建築のつくりだす環境を科学的に検証しようとする。たとえば、光、風、熱を制御するダブルスキンというガラスの皮膜を二重にするファサードエンジニアリングが提示されるのだが、それは、冬の寒さから内部空間を守り、さらに中間期は戸外の空気を取り入れて内部と呼吸させ、夏期はスクリーンによって遮光し、ダブルスキン内をヒートチムニーとして熱気を排出するというものである。ここで注目したいのはガラスというフィルターや遮光スクリーンという環境を制御するしつらえが建築要素として市民権を得る契機をつくっていたことである。

日本では近年まで用いられていた遮光のためのスダレは、夏に陽射しを避け風通しのよい生活をするためでもあるが、同時に開放的な空間の内部を視えなくする装置でもある。このような舗設《しつらえ》と呼ばれる建築的な仕掛けは、建築の主題とはみなされないために容易に廃棄されてしまう。今ではアルミサッシが普及し夏期はエアコンを使うのがあたりまえになったため、現代では外部と内部のインターフェースはアルミサッシを閉め内側のカーテンを引くだけという単純なものになってしまった。かつて日本の都市空間がもっていた内部と外部を関係づける多様な建築言語は失われてしまったのであろうか。都市のなかにコンパクトに住むことで失われたコミュニティを再生しようと考えるとき、相互の関係を調停するフィルターとスクリーンは再び私たちの建築要素に復権させる必要があるのかもしれない。

日本の都市の外部空間はかならずしも公的な空間ではない。外部と内部には曖昧な関係性が存在する。そのため日本では外と内の関係を示すために塀や生け垣など様々な結界が用意されてきた。物理的に外部と内部を仕切る建具にも堅牢な戸から優しく境界を区切るものまで多様に用意され、豊かな空間をつくりだしていた。フィルターとスクリーンをこのような多様で繊細な建築言語として再考することは、密集して生活する日本型コンパクトシティのために有用な技術として評価できる。それは、互いの関係性を制御する作法を再考するようなものである。［2008.12］

6 TOKYO METABOLIZING

歴史上存在したあらゆる都市は、何らかの偏在する大きな権力によって形づくられてきた。近代の都市も同様である。それぞれ成り立ちは異なるが特異な社会的背景のなかで強大な権力によって形づくられる。

19世紀半ばのパリでは、ナポレオン三世による帝政の強大な権力の下、セーヌ県知事であったオースマンの意思によってコントロールされた壮大な都市空間が、1853年から18年ほどの短い期間に形づくられた。「オースマンの工事の真の目的は、内乱が起こった場合に備えておくことだった。パリの市街においてバリケード建設を永久に不可能なものにしたかった。(……)それにもかかわらず、二月革命の際、バリケードは重要な役割を演じた。エンゲルスは、バリケード戦における戦術の問題に取り組んだ。オースマンは二つの方法をつかって、バリケード戦の防止に努めた。道路の広さはバリケード建設を不可能にするだろうし、新しい道路は兵営と労働者街とを直線で結ぶことになる。同時代の人々は、彼の事業を「戦略的美化」と名づけた」(『パッサージュ論』第1巻、岩波現代文庫、57−58頁)と、パリの貫通道路建設についてヴァルター・ベンヤミンは記述する。そこでは、プロレタリアートの社会的権利に対抗するブルジョワジーの闘争のなかで、都市が政治的手段として形づくられる様が見て取れる。

パリはこの貫通道路が設けられることで、都市のなかに〈パブリック〉という空間概念が明示されることになった。この〈パブリック〉を明示する空間装置によって、プライベートな空間は切断され、都市は人々を抑圧する装置として機能し始める。パリ・コミューンでは、この〈パブリック〉によって支配される都市空間にバリケードを築いて〈解放区〉と呼ぶ空間を構築する。〈解放区〉のなかで都市の抑圧から解放される私的人間の関係性を確保しようとするのだ。そして、このバリケードの記憶は20世紀半ばのシチュアシオニストにも受け継がれた。そこでは、パリという圧倒的な都市の抑圧から逃避するために、定住を否定して都市を彷徨《さまよ》い歩くしかないと宣言される。このシチュアシオニストが抵抗の相手とし、諦観として受け入れざるをえなかったものは、〈スペクタクル〉と記述される資本権力である。

20世紀初頭、ニューヨークでは巨大資本家の台頭により、その資本権力を表象するスカイスクレーパーが建設され、1929年の世界大恐慌後の数年を含む30年ほどの期間で一気に摩天楼が建ち並ぶ都市風景がつくられる。レム・コールハースは『錯乱のニューヨーク』（1978／邦訳＝鈴木圭介訳、ちくま学芸文庫、1999）で、いくつかのエピソードを示しながら、マンハッタンがそれぞれ冠をかぶった摩天楼で埋め尽くされる過程を紹介している。そこでは資本主義が属性としてもつ無限増殖のオートマティズムによって、資本の都合のよいようにボリュームが操作される様が描かれる。ニューヨークは街区ごとに巨大建物が構想できるゲーム盤のようなグリッドシステムが存在し、経済の最大効率を求める物質運動が行われる。それはあたかも都市は資本主義というゲーム盤の上でつくられるようである。そしてそこには人間の存在は記述されない。

21世紀の東京では、イデオロギーが終焉し権力が無力化した空間のなかで、遍在する弱い力(徹底した民主主義)による新しい都市風景が生まれようとしている。世界の巨大都市のひとつである東京は、小さな土地に細分され、約180万という所有者に分割されている。それぞれの土地には建築規制がかけられているが、そのルールさえ守れば土地の所有者には自由に建物をつくる権利が与えられている。その土地のほとんどは生活を営む住宅なので、ライフサイクルに対応して建物は増改築が行われ変化する。だから、東京の建物の寿命は26年ほどしかない。ヨーロッパの都市は人間の生命スパンを超えて存在するため、都市空間は実体として認識され、人には変化は感じられないのであるが、東京では数十年もすると風景を構成する建物はほとんどすべて変化してしまう。数十年の時間を経た東京は、同じ場所であってもそれは幻影のように実体が感じられない都市なのだ。

東京には〈パブリック〉という概念は存在しないようにみえる。誰でもが交通できる空間と私的な空間が相互に浸透し、最もプライベートな空間のなかに公から視線が通ることが日常的に存在する。この錯綜する視線があるために、西欧における〈プライバシー〉という概念は成立しなかったのだが、そのかわり気配による人間関係の調停という作法が存在する。この互いの存在を意識する人間の関係性とは、共同体であることが確認された人々の間だけで行えるコミュニケーションである。それは、19世紀のパリでバリケードによって獲得した〈解放区〉のなかにも存在していたものかもしれない。

現代の東京が生命体のように変化し続けるのは、細分化された土地所有によって変化しやすい都市構造をもつからであるが、そのため公私の区分は構造化されていない。加えて、温暖なアジアモンスーン気候帯に位置することで、外部空間での活動が心地よい。そのため、内外の空間が相互に貫入し、日常生活が公的な空間に浸透している。このような都市状況を自覚的に意識し、それを空間の操作対象とする〈新しい建築〉が出現しつつある。その建築は20世紀の都市が破壊してきた〈共同体意識を産む場所〉を再生し、人々が主体的に集まって住むという根拠を示す可能性をもつのだ。東京という都市はこの〈新しい建築〉によってゆっくりと姿を変え始めている。そこでは、巨視的に見れば多数の個別の意思が参加しながら、全体としての最適解を得る見えないシステムが存在しているようにも思える。

現在中国では中央政府の巨大な権力のもとで、19世紀のパリの大改造を凌駕する都市改造が多数の都市で行われており、1000万人を超える巨大都市が新たにいくつか出現すると言われている。また巨大な石油資本を背景に、金融資本の活動を目的にして砂漠のなかに忽然とつくられた都市が存在する。21世紀は大きな文明の転換期を迎えているように思えるが、その文明は様々な都市群が支えるであろう。東京はその現代都市の選択肢のひとつを示している。そして、21世紀の文明に対応する〈新しい建築〉は、これらの都市のあり様によって定義されるのだ。［2010.07］

7　木密から

東京という都市を俯瞰してみると、この都市の中心は天皇という一家族が専用する広大な森林、その周囲に古くからの良好な都市組織をもつエリア（現在の用途はオフィス、商業、高級な住宅地など）が取り巻き、さらに、その外に木造密集市街地（用途は完全な住居専用）がリング状に取り巻いている。おそらくここまでが戦前の東京の圏域であろう。このリングより外のエリアは戦後の高度成長期にスプロールした住宅地で、カーペットのように均質に拡がっており、最後は混在農地となって都市域が消滅する。

木密リング

東京は明治以降、3回の大きな面的破壊を受けている。1923年の関東大震災、1945年の東京大空襲、そして1960年あたりから始まる高度経済成長期の開発による緩やかな破壊である。木造密集市街地が形成されるのはこの3回の面的破壊が関係している。関東大震災以前の東京は古くから組成されていた市域の外側を環状に生産緑地帯が囲んでいた。関東大震災で焼失

Fig.17：アーバンリング

したのはこの古い市域の３６００haにあたる部分で、このほとんどは帝都復興事業が施行され区画整理が行われた。しかし市域周辺部にあった生産緑地帯は基盤整備が行われないまま乱開発されたようである。東京大空襲ではこの区域も含めた市域の全域にわたり１万９５００haが焼失しているが、戦災復興事業はその８・５％足らずの１６５２haしか施行されていない。大部分は基盤整備が行われないまま広域に乱開発された。この東京大空襲直後、市域周辺部に円環状に生成された木造密集市街地を「木密《もくみつ》リング」と呼ぶ。

１９６０年頃から始まる高度経済成長期には都心部へのアクセスがよいため、この地域には民間木造賃貸アパートや住宅開発が進行する。宅地の細分化、建築物の高密度化、農地の宅地化などが進行し、現在の木造密集市街地が形成された。東京都ではこのうち不燃領域率60%未満の地域を木造住宅密集地域に指定しており、その面積は約１万６０００haという壮大な拡がりをもつ。さらに、この地域のなかでとくに老朽化した木造建築物が集積し、災害時に大きな災害が想定される地区を、木造密集市街地整備地域に指定しており、その広さも約7000haという壮大な面積である。

これまで東京という都市は関東大震災の復興事業が施行された中心部（ほぼ山手線の内側）によって語られてきた。巨大再開発はここで行われ、都市を表象するシンボリックな建築はこの中心部に置かれたものである。一方、外周部にあたる木造住宅が密集する市街地は東京の都市構想からは除外された匿名的なエリアである。ここは、葉脈のように細街路が入り組み、公園などの公的な空地が少ない密集した住宅地で、土地は小さく細分化されて所有されており、大型の開発は困難である。ここでは狭小な宅地に、老朽化した木造住宅が隙間なく建て詰まり、道路は4m以下の狭隘である場合が多く、敷地のなかには未接道敷地も多い。地震があれば多くの建物が倒壊し、さらに火災がともなった場合は延焼を止められず大災害となることが予測されている。そのため早急に整備をしなければならない地区とされている。それでもこの状態が維持されているのは制度的に変化しづらい要因もあるが、定住している住人がこの生活環境を評価し、その現状を選択した結果でもある。この地域は東京の中心に近く都市施設の利用など生活の利便性が高いので、高齢化が進みながらも世代交代が行われ、安定したコミュニティが存在している。この木造密集市街地は緊急に整備を要する大きな都市問題であると同時に、居住都市としての可能性を示しているとも言える。

日本の人口の増加が止まり、東京都の区部では世帯数人数が2・0を切るという社会状況の変換点を迎えている。そこでは、これまでの都市拡張を前提とするものとは異なる都市の構想が求められている。「都市化社会」が終焉し「都市型社会」に移行したなかで、生活を中心とした都市構想の提案は、都市中心部ではなく防災上変化せざるをえないこの木密リングの未来構想のなかに求められているものである。

匿名的都市組織

この東京の木密リングのような匿名的都市組織に対する論考として、学生時代に読んだ「あなたには〈普通〉はデザインできない」というN・J・ハブラーケンの論考は印象的であった。1971年3月に書かれているこの文章の背景は、それ以前にSAR（Foundation for Architects' Research）で展開していた作業を通してその時代を俯瞰したものである。ヨーロッパの都市は都市組織と呼ぶ匿名的な連続構築物で埋め尽くされており、フリースタンディングの建物は教会など公共の特別な施設しかない。だからヨーロッパ社会ではfigure ground map（図地地図）というアイデアが誰でも簡単に了解される。そのなかで、建築家は歴史的（モダニズム以前の近代社会）には「図」となるシンボリックな特別な建物にしか関与していなかったとし、都市のなかで「地」となる匿名的な都市組織には建築家は関心をもたなかったとする。20世紀初頭に王権や宗教権力の支配する社会から市民社会へ移行したために、建築家のクライアントが入れ代わり、対象とする建築も市民が利用する工場や住居となる。しかし、現代の建築家はそのような普通の建物までも特別なものにしてしまう。だから「あなたには〈普通〉はデザインできない」ということになるのだ。ここでは建築家の職能概念は社会制度に対応して変化するということが言及されている。

ハブラーケンの論考には有名な挿絵がある。ル・コルビュジエのドミノシステムのダイアグラムに×印をつけ、その横に日本の伝統的な住居の板図を並べている。板図というのは大工が現場で使っていた板に描いた平面図である。日本の伝統的住居は「間」というモデュールで空間が構成されているので、タタミのモデュールを使って素人でも間取りをつくることができる。それがそのまま板図になり木割りのシステムによって木造軸組の構造体が自動的に決まるのだ。日本ではユーザーの描く間取り平面だけで立体的な建築が組み立てられるという社会システムが存在する。近代以前の日本では匿名的な都市組織を統御する社会システムが存在していた。だから災害で家を失っても容易に風景が再現されるシステムが社会に内在していたと言える。ここで、ハブラーケンはル・コルビュジエを否定しようとしているわけではない。ドミノシステムという実体としての構造軀体が普遍的な解答ではなく、板図の背後にあるこのような社会システムがそれをつくるということを示そうとしているのだ。ハブラーケンは「住まいとは住むという行為以外の何物でもない」として、当事者以外にはデザインできないとする。ここでは建築という領域そのものの拡張が言及されている。この小論は住宅という単体の建築を超えて都市組成に意識を向かわせてくれるものであった。SARでは個人が意思決定を行う住居という都市の最小単位から地域社会、さらには都市にまで参加する階層的な社会構造が研究されていた。

ハブラーケンのアイデアは1960年代半ばから提出されていたモダニズム批判を原理的に批評し、静かなプラグマティズムの立場から社会を先に進めようとするものであった。当時の情緒的でファナティックなモダニズム批判とは異なり、C・アレグザンダーの「都市はツリーではない」(1965)とタイトルされた論文に描かれたダイアグラムを具体的に再現する手法がイメージされていたのかもしれない。その後、1991年にソビエト連邦が崩壊し、世界は資本主義に対抗するイデオロギーが不在となり、資本の暴走が始まる。建築の主要なクライアントは巨大資本となり、その存在を表示するアイコン建築が大量に生産されるようになる。

2008年の市場資本主義のクラッシュまでの期間、建築の世界にイデオロギーは存在していなかったのかもしれない。不思議なことに1978年に書かれたレム・コールハースの『錯乱のニューヨーク』以降、建築の世界には都市にかかわる重要な論文は提出されていない。建築に思想は必要のない時代であったのかもしれない。

都市のイデオロギー

そんな時代状況を感じながら「生成変化する東京(TOKYO METABOLIZING)」という2010年のヴェネツィア・ビエンナーレの展示コンセプトを検討した。都市の航空写真を眺めていると都市ごとにまったく異なるパターンをもっていることに気づく。パリ、ニューヨーク、東京は、同じ人間が地球上に生息するための物理的環境のはずであるがその姿はまったく異なる。物理的コンテクストと文化的コンテクストが複合して都市組織が決められているのだが、さらにその上位にある社会制度を支配した権力の思想が反映する。歴史上存在した、あらゆる都市は何らかの偏在する大きな権力によって形づくられてきたと言える。

19世紀半ばのパリでは、ナポレオン三世による帝政の強大な権力の下、１８５０年代から18年ほどの短い期間に、オースマンというひとりの行政官の意思によってコントロールされた壮大な都市空間が形づくられた。20世紀初頭のニューヨークではセンターコアのオフィスビルが入る平

Fig.18上：パリ／スキマ率 42.83%
中：ニューヨーク／スキマ率 62.07%
下：東京／スキマ率 59.03%
（同一スケール）

面を基準にゲーム盤のようなグリッドシステムの街区が用意され、そこに最大効率を求めるボリューム操作が行われ、巨大資本を表象するスカイスクレーパーが建設された。20世紀初頭の30年ほどで一気に摩天楼が立ち並ぶ都市風景がつくられた。これは人が住むための都市ではなく資本主義のシステムがつくる都市である。

世界の巨大都市のひとつである東京は、小さな土地に細分され土地の所有者には自由に建物をつくる権利が与えられている。そのほとんどは生活を営む住宅なので、ライフサイクルに対応して建物は増改築が行われ変化する。ヨーロッパの都市は人間の生命スパンを超えて存在するため、都市空間は実体として認識され、人には変化は感じられないのであるが、東京では数十年もすると風景を構成する建物はほとんどすべて変化してしまう。そこには空間を支配するイデオロギーは不在である。

選択される都市モデル

2008年のリーマンショックによる資本主義経済のクラッシュによってもたらされた社会システムや都市概念の変更要請は、2011年の東日本大震災を経験したことで、より切実なものとなっている。私たちは文明の切断面にいるのかもしれない。経済活動を中心に構想された20世紀型の都市モデルから次のモデルに移行することを検討するステージが見えている。それは東日本大震災で街や集落が消し去られた現場を見たという事実と、福島で起きた原子力発電所事故の被害によって都市のエネルギーインフラに深刻な問題が突きつけられたからだ。生活の手掛かりとなる街のあり方を再考し、エネルギー消費を抑えた持続可能な都市への移行が切実に検討されるのである。

20世紀型都市モデルは19世紀末のシカゴで開発された。それは、都市の中心部にオフィスビルが立ち並ぶ業務中心地区、郊外には都市労働者を収容する専用住宅地を設け、その両者をつなぐ交通インフラを放射状に整備するというものである。この都市モデルによって中心と郊外を毎日往復運動するという経済活動に対応したものである。都市は用途によってゾーニングされ、それをつなげるために交通やエネルギーのインフラは巨大化する。第二次世界大戦でほとんどの都市を焼失した日本は、経済活動に対応するこの都市モデルにつくり変えられ、高度経済成長期を支えた。一方、都市の中心部の旧市街に連続壁体の都市組織をもつヨーロッパの諸都市には、この都市モデルは持ち込まれない。20世紀型都市モデルに改造するためにパリの中心部を破壊して超高層ビル群を林立させるというル・コルビュジエの《ヴォアザン計画》は採用されなかった。ヨーロッパの人々は都市の中心部に安定した都市組織である旧市街を保持したままの都市構造を選択する。それは、経済活動に効率的に対応できないため、旧市街の内部が荒廃する深刻なインナーシティ問題を抱えるが、他方、小さな公共的手立てやリノベーション、遅い交通網の整備やトランジットモール化によって旧市街は人間の生活を中心とした持続可能なコンパクトシティとして再生している。

東京はその周囲に土地が細かく区分所有され整備が進まない木密リングを抱えており、インナーシティ問題と同様の様相を示している。この木密リングをヨーロッパの諸都市で試みられたように居住環境として再生できれば、20世紀型産業都市と、人々の多様な生活の場に対応する居住都市とが並存する二重構造の都市（デュアル・シティ）として構想できる。それは都市の中心部と周辺部がまるで異なるふたつの都市のように自律して共存しているというイメージである。

超混在多孔質

２０１１年の秋に行われたＵＩＡ（国際建築家連合）東京大会で「Tokyo 2050」という未来ヴィジョンを提示する展覧会に、木密リングの都市組織を未来型の居住都市に生成変化させるプロジェクトを提出した。前年にヴェネツィア・ビエンナーレで生成変化する東京（TOKYO METABOLIZING）という都市イメージの展示をしたこともあって、巨大なインフラではなくローカルなインフラや小さな空間的手立てによって「都市を誘導する」という計画手法を考えた。２０５０年という設定は、人間の生命スパンを超えないが、社会状況の大きな変化は想定できるという時間である。直近の都市問題を扱うわけではないので、都市を理念的に捉える時間距離がある。国全体の人口が縮減するなかで、持続可能な社会をどのように設計するのかが求められる。

これまでの都市計画ではモビリティが重要な要件であったが、そのむやみな拡大を抑制し、選択肢の多い交通手段が用意される必要がある。都市内は機能の混在が進み、働くことと住まうことが自由に行き来できるライフスタイルがあたりまえとなり、その機能混在を緩衝するクッションのようなヴォイドが重要な都市要素となる。それは小規模な公園やギャラリーなどの自由に誰でもが入って使える空間であり、カフェやレストラン、マーケットなどの商業施設がネットワーク化され、近隣を取り巻く泡のように設けられる。そしてクリニックやスポーツジムなどの生活をサポートする施設が分散して身近に存在する。徒歩圏内に快適な外部空間が様々な形で遍在し、そこに人々は滞留する。この街では人との出会いが多くなる。

1 遅いモビリティが人の出会いを多くする

自転車を前提とした都市構造から歩行者や公共交通を主体とする社会へ移行する。カーシェアリングやレンタサイクルなどが整備され、個人用の電気自動車など多様な移動手段が用意される。自動車のために過剰に整備された道路は人間のための空間へ変換される。

2 防災のための空間が日常生活を支える

災害時の緊急車両が進入できる道路の確保だけではなく、個別の建物地震の耐震耐火構造への建て替えや自助消火設備を持つ事で防災の強い地区をつくる。小さな空地や路地に日常生活を豊かにする庭木や樹木を植え、それを連鎖させる事で延焼を防ぐ。

3 ローカルなシステムが身近なネットワークをつくる

近隣商店街という流通のローカルシステムは商品を媒介としてコミュニティを支える。さらに、巨大なエネルギーインフラをコジェネ、燃料電池、またはゴミ発電などのローカルなシステムに変換する事で、エネルギーの根拠とするコミュニティ単位が生まれる。

4 新しい家族のかたちが共同体を組織する

核家族に対応する住宅は世帯数人数の減少、家族形態の多様化の中で一家族一住宅のシステムが変容する。コレクティブハウス、シェアハウスなどの新しい集合形式が用意される。それは豊かなコモン空間を内在しており、新しい共同体のための空間が形成される。

5 高度な用途混在が生活圏をコンパクトにする

情報技術の進化によって人々の働き方が変わり、産業構造も変化する。機能別に区別されたゾーニングではなく生活の場と働く場が混在する事が可能になる。移動のための空間と時間は縮小される。異なる機能が混在することを支える緩衝の空間が重要な都市要素となる。

Fig.19:「都市モデル」の前提条件

そこで、外部空間や所有の曖昧な誰でも使える空間が多孔質なスポンジのように編み込まれ、それがヴォイドのネットワークを形成し、コミュニティが連鎖する「超混在系多孔質都市」というアイディアを提案した。

それは東京都の木造密集地域整備事業対象地区を、いくつかの操作（モビリティ、エネルギーなど）を行いながら都市の環境単位としての可能性を検証するものである。たとえば、車の侵入を排除することによって道路をコモン（共有地）の領域に参入し、土地を所有するのではなく使用するという概念を形成する。共同建て替えによって粒子《グレイン》を変更させ、その周囲に人が往来できる外部空間を設ける。さらに、変換のインセンティブを与えるマネージメントにも言及しなければならない。そこでは、心地よい戸外生活が営まれる豊かな外部空間をもつ新しい生活ユニットが構想できるであろう。当然のことながら、この都市ではエネルギーの使用レベルを圧倒的に下げるインフラを構想しなければならない。そんな内容を入れた提案である。

変化を誘導する小さなインフラ

木造密集市街地に再開発整備地区を設けても整備が進まないのは、土地が小さく区分所有され権利関係が輻輳しているためである。そこで、強制執行をともなう再開発事業や道路整備ではなく、自律的な街区の生成変化を誘導する方法を検討した。それは「路地核」と名づけた小さなイ

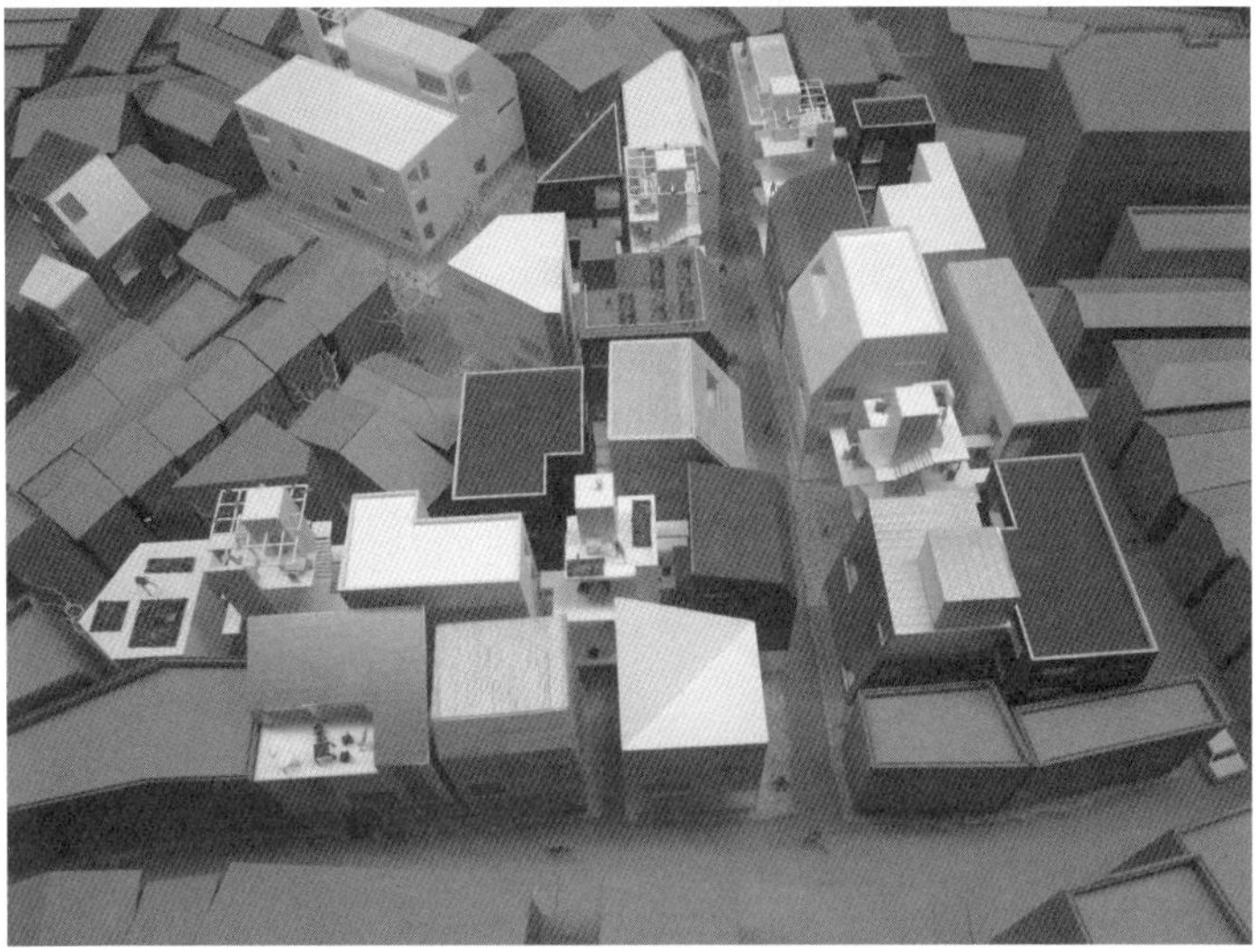

Fig.20：路地核

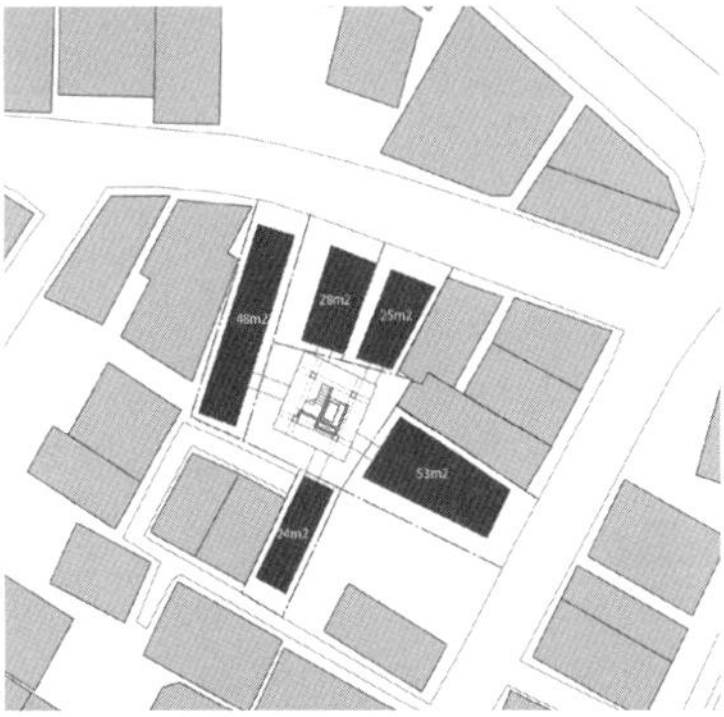

Fig.21：路地核　垂直導線を持つ路地核は、小さな敷地グループによる共同建て替えを誘導する。路地核には設備関係の住居インフラが組み込めるので、連結するユニットは耐火構造の簡単な箱であればよい

ンフラのような工作物で、そこには、階段（やバリアフリーのためのエレベーター）の垂直導線を、道路のように公共が用意するものとした。これは、人間が自力で上り下りでき、ポンプを使わずに揚水できる10m以下とする。この「路地核」は地下に自助消火活動が行える防火水槽とポンプを備える。「Tokyo 2050」の展

Fig.22：祐天寺の連結住棟

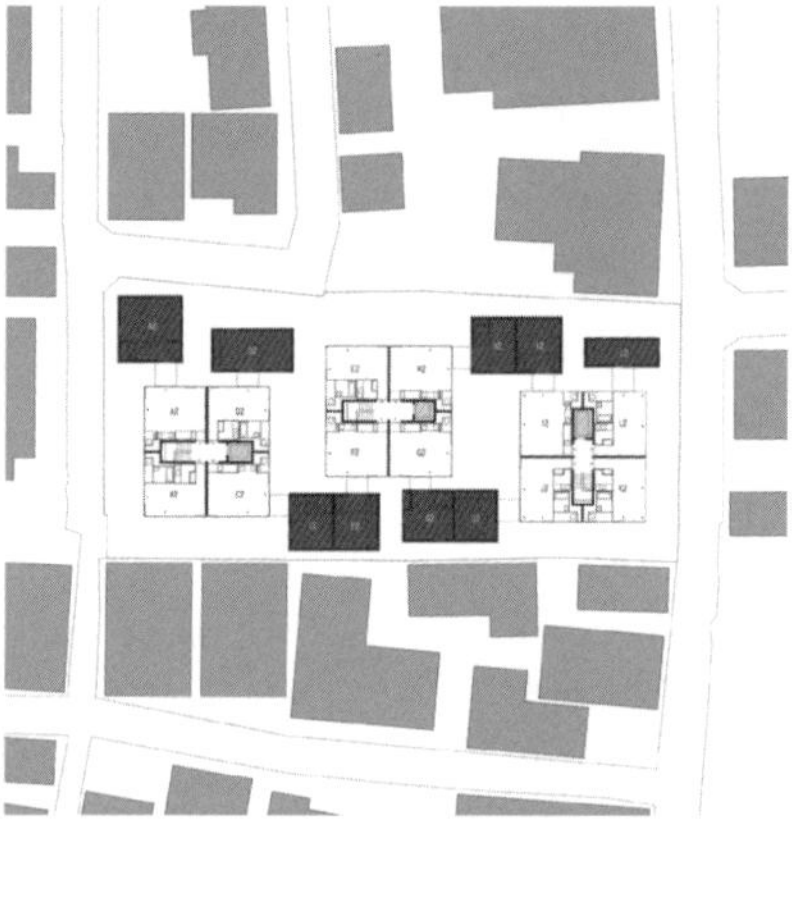

Fig.23：祐天寺の連結住棟　垂直導線を持つコア棟に、小さなユニットをバルコニーを介して連結している。この空間システムは、木造密集市街地の変形した敷地に柔軟に対応できるプロトタイプであると考えている

示では、「路地核」の各階の踊り場にコミュニティキッチンやシェアハウスのための設備、屋上菜園などを提案した。空間構造としては《祐天寺の連結住棟》（2010）のコア棟のような役割で、この「路地核」に接続してルームを設けることができる。木造密集市街地のなかでは、未接道敷地と言われる法的に建築物を建てられない不適格敷地が多数存在し、その土地が塩漬けとされ、開発が進行しない原因になっている。このような不良宅地を含む複数の敷地の共同建て替えの計画である。共同建て替えの敷地のなかに行政の支援で「路地核」をインフラとして設け、周囲の地主に共同建て替えを誘導するものである。共同建て替えではあるが地主は土地を所有したまま自宅と借家を安価につくることができるという提案である。

土地が細かく区分所有されているのはそのままとし、建蔽率を下げながら（空地を増やしながら）容積を積むことができる。上階にオーナーが住んで地上階を店舗または自らのオフィスにしたり、高齢のオーナーが地上階に住んで上階をシェアルームにするなど、共同建て替えの動機づけとなる余剰の床が生まれ、高齢化の進むコミュニティを保持したまま、新しい若いコミュニティの参加を求めていくというものである。細街路は共有地（コモンガーデン）のように扱い、各敷地に生まれる空地をコモンに供出することを誘導する。連続する外部空間は防火樹を植えて延焼を防いだり、避難経路になるなど防災上有効な空間になる。そして相隣関係を調整する空気のクッションとしてはたらき、この木漏れ日や隙間風のある快適な生活環境をつくりだすコモンガーデンがコミュニティを支援するというものであった。

絶え間なく生成変化している私たちの都市では、現在の社会活動にヒットする建築類型（タイポロジー）が発見されれば、一気に風景が変わる可能性をもっている。新しい思想をもった建築の登場が新しい社会を出現させる。それが、社会システムがつくる都市であり、建築の主題はその新しい都市組成となる単位の開発であると考えている。都市は人の住む場所である。戸建て住宅の海で埋め尽くされていたこの都市はゆっくりと変化を始めている。それは、巨視的に見れば多数の個別の意思が参加しながら全体としての最適解を得る見えないシステムが存在しているようにも思える。それは、ハブラーケンが指摘していた社会システムが自動生成するようにつくる都市であるのかもしれない。

多様な多数の主体

2011年には森美術館で「メタボリズムの未来都市展」が開催され、レム・コールハースによる『Japan Project. Metabolism Talks...』というメタボリズムの実像を探る厚い本が世界で出版された。1960年にメタボリズムという概念が日本から発信されて半世紀が経つ。メタボリズムのアイデアは第二次世界大戦で焦土とされた廃墟の風景（タブララサ）からスタートする。メタボリズムは都市に対する思想であり、建築は壮大な都市を形づくる部品であるから都市のイメージをもつことが要請されていた。丹下研究室から発表された《東京計画1960》の美しい模型はメガロマニアックなオブジェのように見えるが、それは社会からの要請に応える誠実な解答である。急速な産業社会の拡大に対応して都市への人口圧力が高まり、東京は都市構造の変革を求められた。一度、廃墟になった都市であるが、その既存の区域にはほとんど手をつけず所有者不在の海上に都市軸と呼ぶハイウェイを延伸し、そこに住居とオフィスを機能的に配置する１０００万人の都市を開発するというものであった。

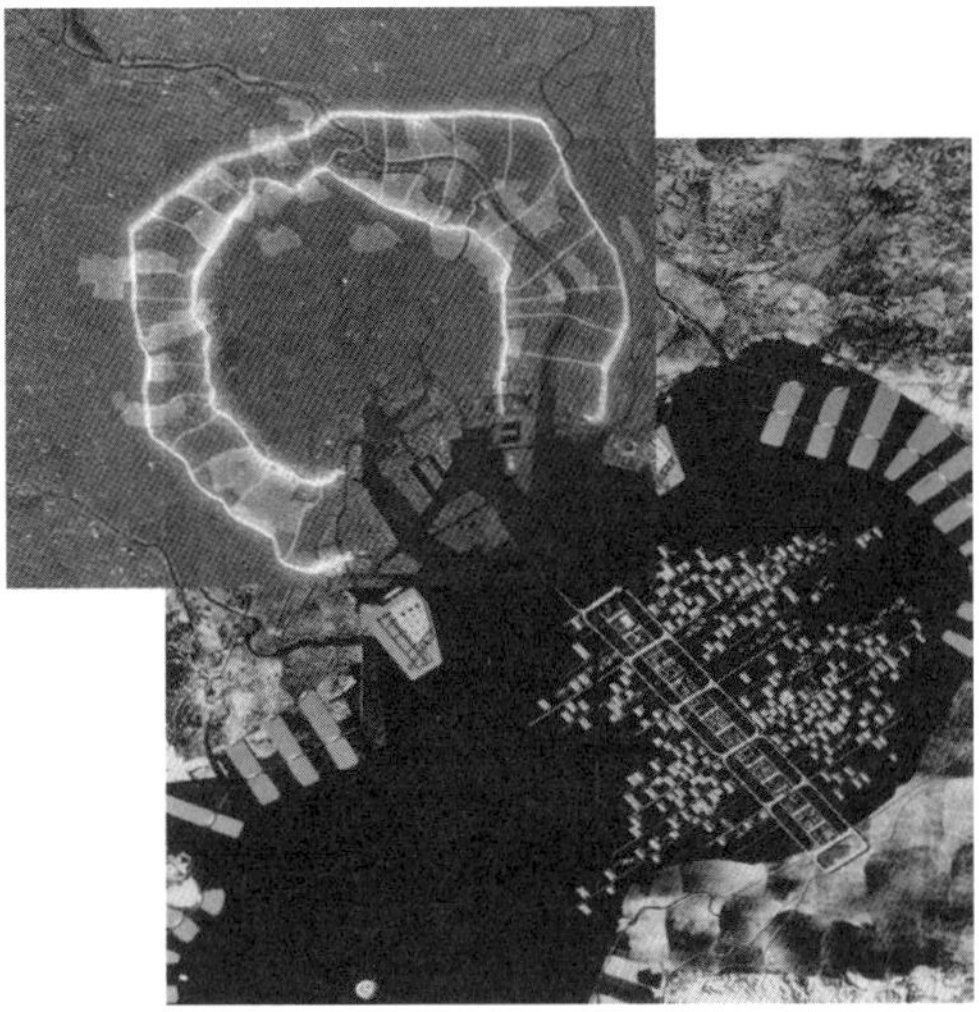

Fig.24：東京計画1960と木密リング

現代では、このメタボリズムで展開された建築的アイデアは、リアリティを失っているのだが、東京という都市状況は依然として生成変化を続けている。東京の中央部は他の都市と同様、様々な権力（資本や国家の）アイコンとしての建築が立ち並び世界のどこにでも見られる都市の様相を示している。しかし、その周辺にある住宅地は匿名的な小さな粒《グレイン》で埋め尽くされており、その小さな粒《グレイン》が絶え間なく変化している。木密リング全域の１万６０００haという壮大な木造密集市地は、《東京計画１９６０》に匹敵する計画規模をもつプロジェクトサイトである。半世紀前に提出された東京計画は、海上というタブララサの上に描く新都市構想であった。そこでは社会にある問題群にたいする解答がひとつの実体としてのカタチで示されている。しかし、木密リングの問題群にたいする解答は既存のコンテクストに応える多層のレイヤーをもつものとなる。それは建築的なカタチだけではなく、時間概念をもつ制度的なシステムにかかわるものなのだ。それは、空地や公共施設で構成されるヴォイド・ネットワークであったり、自律的な生成変化を誘導する社会制度で示される。この生成変化の現場はタイポロジーの多様な空間展開となるであろう。これは計画の主体がひとつではなく多様に多数存在するという計画である。

この木密リングで構想されるものはコミュニティの連鎖である。家族のための戸建て住宅ではなく、もう少し大きな中間集団の生活そのもの、働く場所や憩う場所も含めた多様な活動に対応する都市組織の単位となる。この居住都市を形づくる主体は、政治的権力や資本権力ではない匿名的社会集団（コモンズ）となる。資本のグローバリズムのなかでこの国の製造業や輸出産業は不安定な経済環境のなかに置かれている。そのなかでエネルギーや環境に対する新しい思想が登場しており、それに対応する新しい技術が開発されている。このような状況がここに記述してきた新しい社会生活に対応する新しい都市組織の開発を要請しているのだ。この国は匿名的な社会集団が主体となる都市づくりに舵を切ることができるのか。文明をつくる壮大な経済活動のフロントがそこにある。

［2012.08］

8　現代都市という都市類型

現代都市とは、十九世紀第3四半期に北米大陸において産み出され、大量生産・大量消費を基調とする資本主義世界システムとともに、瞬く間に全世界に普及した都市類型である。

（吉田伸之、伊藤毅編『伝統都市〈2〉権力とヘゲモニー』東京大学出版会、2010）

パリ・コミューンと呼ばれる都市空間の占拠が行われた年、1871年にシカゴで大火災があり、都市中心部の大部分が焼失する。大陸横断鉄道と五大湖の水運の結節都市であったシカゴには巨大資本が集積しており、この大災害を契機として、経済活動をサポートする都市空間に改編されることになる。そこでは、鉄骨造とエレベーターという新しい技術によって、オフィスビルというビルディングタイプが発明され、都市の中心部にこのオフィスビルが集積するCBD（業務中心地区）が形成される。ループという環状の鉄道が設けられ、郊外に拡張する住宅地をネットワーク化する。そして、この空間のなかで郊外の専用住宅地と都心のオフィスビルの往復運動を毎日行うという日常生活が誕生する。現代都市という類型によって、人々の日常生活が定位されているとも言える。シカゴから始まる都市モデルが、20世紀の現代都市類型であり、これが資本主義世界システムをサポートする。この類型は20世紀後半に瞬く間に普及し、気候や文化とは無関係に、世界のどの都市も同様の風景をつくっている。

現代の都市は経済活動に対応する都市と生活に対応する都市の二重構造をもつ。20世紀初頭に都市社会学という学問領域がシカゴ学派に始まるのは、このシカゴの都市現実をフィールドとしているからである。それは、都市は五つの「同心円構造」によって発展するというもので、第一地帯はCBD（ループ）、第二地帯は遷移地帯と名づけられるトランジション、第三地帯は工場労働者の住宅地、第四地帯は中産階級の住宅地、第五地帯は郊外住宅地とされる。

これは大資本の企業活動に対応する賃労働者を中心とした社会システムの登場があり、それに対応する空間システムとしての都市構造が用意されたのである。そこでは都市は、この資本主義の経済活動に都合のよい道具として扱われている。面白いのは、第二地帯の住宅地は老朽不良化し、外国人移民の最初の居留地となり、各種の犯罪や悪徳の温床となる地区であるとしていること、そして、F・L・ライトの素晴らしい住宅群が建てられているのは、プチブルジョアの住宅が集まる第四地帯である。初期シカゴ学派は1930年代までの膨張するシカゴを観察するのであるが、そこでは何ら社会的係累はもたない人々が、マーケットセグメントされて、いずれかの地帯に収容された社会階層をつくることになる。

20世紀末には、自動車で人が自由に移動するという社会背景から「外心都市」という脱構造化された都市のイメージが、ロサンゼルス学派というE・ソジャなどの地理学のグループから提出される。それは産業資本主義都市の脱産業化が進行し、さらに再産業化が始まる現代社会を対象としている。ここでは現代都市の構造は解体され、都市の構造は解読不能のように見える。そして人々の生活は混在し、日常生活－都市現実－社会空間と重層する空間のなかに同時に存在するという認識が産み出されている。

都市は宗教、政治、資本など様々な権力によって目に見えるものとして形づくられているのであるが、現代都市は資本権力が支配する都市であり、だからこそこの経済活動に対応する都市構造のなかでは人々は切り分けられ孤立するのだ。その権力とは異なる視点「下からの眺め」から見れば、権力による現実の秩序の下で、都市はその時代の人間の疎外をいたるところに現しているとも言える。都市は依然として人々の生活の場である。生き生きとした生活の場から見れば、都市はジェネリックな権力構造だけではない多層の構造のなかにあると理解できる。

［2014.06］

9　「都市のアーキテクチャー」について

Ｙ－ＧＳＡでは毎年テーマを決めて建築思潮にかかわるオムニバス・レクチャーを行っている。２０１４年度の年間テーマは「都市のアーキテクチャー」とした。20世紀後半に出版された都市と建築にかかわる重要な理論書であるアルド・ロッシの『都市の建築』（１９６６／邦訳＝大島哲蔵・福田晴虔訳、大竜堂書店、１９９１）をカバーするものである。講演者にはこの『都市の建築』を再読し、その内容を前提として「都市のアーキテクチャー」という概念にも答えていただくことを期待した。このような仕掛けを行った背景には「都市と建築のリサイクル」という、切実な、また最も困難な今日的問題を主題とすることを考えていたからである。日本の社会状況が「都市と建築のリサイクル」という問題を主題とすることを要請しているのであるが、それに解答を与えるレファレンスとしてアルド・ロッシのこの書物が再び意味あるものに思えた。

『都市の建築』はピーター・アイゼンマンとコーリン・ロウらによってつくられたＩＡＵＳ（Institute for Architecture and

Fig.25：『都市の建築』表紙

Urban Studies／建築都市研究所）から英語版が発刊されているが、それはポストモダニズムを理論的に補足するものとして改編されている。イタリア語による原著は、近代化のなかで都市機能として対応が困難となるヨーロッパの伝統的都市の問題を「類推的都市」という概念で救おうとするものであるとはいえ、その概念はヨーロッパ文明のなかに留まる。だからこそ、その文明外にある日本のコンテクストから参照すれば、現代の私たちの都市を扱うための思考の構造が読み取れると考えた。

さらに、「都市の建築」を「都市のアーキテクチャー」と読みかえることで、アーキテクチャーという言葉のなかにある「仕組みのデザイン」というような意味が浮上することを意図していた。アルド・ロッシの時代では対象とされなかった都市の問題が、私たちの社会では大きな問題として立ち現れており、それに向かうためには、これまでの建築という概念の更新が要求されると考えているからである。このテーマ設定によってヨーロッパの20世紀中葉に存在した都市の問題群を参照しながら、現在の日本で顕在している都市の問題群を明らかにし、さらにはその解答群という具体的な未来が語れると考えた。「都市のアーキテクチャー」という概念によって、現代都市という、私たちが日常生活を行っている現場、その都市構造そのものの仕組みをデザインできるのか検証するものである。

都市と建築の状況

建築（ないし空間）は身体的メディアとして特権的な力をもつために、歴史的に（言語化される歴史以前から）政治的メディアとして使われてきた。共同体のトーテムであったり、宗教や政治の権威を標示するアイコンとして使われてきたのである。近代に入り、建築は資本活動を中心として動く社会に対応するものとなり、20世紀中葉のヨーロッパ社会では、『都市の建築』で描写されるように近代以前の都市組織と実社会の不整合による軋みが生まれていた。20世紀後半には都市も建築も経済活動の道具として認識され、都市は人間生活とは位相の異なる問題として語られ、建築の関心は差異化された表現へと向かう。しかし、21世紀初頭、資本主義社会がつくる様々な社会システムの限界や不全が顕在化し、建築の主題は、経済を中心とする活動ではなく、人間の生活にかかわる事柄であるというあたりまえの議論がされるようになった。

そこで、建築とは社会の仕組みをデザインすることであると考えると、この社会に必要とされる新たな建築の存在の仕方が構想できるのだ。建築というメディアを使って都市または社会に介入しようとしても、依然としてその入り口は見えないのだが、しかしながらひとつの建築が社会の意識を変え、ドミノのように都市そのものを更新してしまうことがあるかもしれない。だからこそ、『都市の建築』では理念的都市を更新する契機として、建築のタイポロジーに可能性をみているとも言える。

現実の社会では利潤を最大化しようとする資本原理と富の再配分を制度化する政治によって、都市の部品（ある種のタイポロジー）が生産されている。そこではタイポロジーを開発する原理は倒立している。都市は資本主義と官僚制度のなかで、そのシステムに都合のよいように切り刻まれバラバラに放り出されているのだ。この都市は人が生活をするためにあるのではなく、生産活動のためであったり、消費の欲動を求める商品として建物が並べられているだけのように思える。このバラバラなハードウエアとしての都市環境を検証し、さらに、それを使う人間の側から統合された都市概念を獲得することができないであろうか。

空間と時間をつなぐもの

近代が要求した空間の領有と、明確にパブリック／プライベートが切り分けられた結果、失われてしまった空間を再び再生し、私たちの生活空間を再構成することが必要とされている。日本では急速に都市空間のなかに市場原理が導入された結果、人々の生活を支える社会的共通資本としてのコモンズが失われてきた。良好なマーケット環境をつくるためには所有が明快にされる必要があるため、パブリックセクターとプライベートセクターの挟間に曖昧に存在したコモンズは排除されてきたのである。日本の都市空間は市場経済に対応しやすいように切り刻まれ、区分所有を進行させ、その所有者が利益の最大化を求めて空間を占有することを認めてきた。その所有の境界面を再検討する必要があり、そうした空間を使う作法を開発する必要があるのだ。それがコモンズを再生する手立てであり、共有空間 in-between を必要とする感覚である。

アルド・ロッシの『都市の建築』で示される都市の継続という概念は、ルネッサンス以降のイタリアの都市形成過程に参照されるものであり、私たちの社会には希薄な概念である。それは機能または用途という人間の使用を超えて存在する空間の形式としてのタイポロジー認識によって生まれる。空間を容易に消去再生してきた日本の都市空間では見落としてしまう空間感覚なのだが、数百年という人間の生命スパンを超える継続でなくても、このタイポロジーとしての都市空間の感覚を理解すれば都市の継続という作法が導入できるのだ。

現在、隙間産業のように発生するコモンズの提案は、仮設的なものが多く利那的で、時間をつなぐタイポロジーの概念が欠落しているものがある。新しい空間の提案には本来的には都市を継続させる思想が要求されるものなのだ。所有の曖昧な空間は脆弱である。目先の利益を求める隙間産業は、さらに都市を切り刻み地域を解体させてしまうのかもしれない。『都市の建築』で示されるように、都市を継続させる作法を持ち込んだ、そのような消費の対象となるものではないコモンズの空間開発とはどのように可能であり、どのような姿を見せるのか。核心はそこにあるのかもしれない。

［2016.03］

第4部

住宅

Fig.26：匿名的大多数である都市組織

1999年に『建築文化』の特集として、「空間の組成システム」というタイトルで、1993年以降の独立後の私の仕事をまとめた。そのときに「図式としての住居」という小論を書いている。これは、アルド・ロッシの『都市の建築』から影響を受けて書いた、住宅を私的な問題ではなく、もう少し大きい問題（たとえば文化とか都市）に向かう方法論である。

都市は数パーセントのモニュメントとなる諸施設以外、ほとんどの部分は住宅で埋め尽くされている。都市のわずかな部分を占めるモニュメントは政治、宗教、経済という権力を表象する建築であり、それ以外の匿名的大多数である都市組織は人々の生活の場である住宅だ。生活に対応する住宅は本来的には保守的である。安定した家族を継続し、近隣社会を形成する場が都市組織である。しかし、近年の家族形態の急激な変化とそれに対応した住宅の産業化が進行し、現代社会では都市組織が崩壊し始めている。

何篇かの文章のなかでケーススタディハウスを取り上げている。それは、民主主義という社会思想と住宅の関係を再考しようという意図なのだが、最近はこの民主主義という社会思想さえも市場経済という社会システムに回収されている。都市組織である住宅は産業化され、現代ではタワーマンションという商品やハウスメーカーが提供する商品化住宅に猛烈な勢いで置き換えられている。

だから、建築の主戦場はこの都市組織のなかにある。都市の問題は本来的にはこの住宅＝都市組織だ。しかも「住宅作品」ではなく都市組織としての住宅なのだ。これまで建築家はそれを主題とはしていない。それは、N・J・ハブラーケンが「あなたには〈普通〉をデザインできない」というゆえんなのだ。

1　図式としての住居

言語世界からの拘束

人の住まう場にこうでなくてはならない、といった決まりはない。また人の住まいに最良の解は存在しない。

住宅の設計は依頼者との対話から始まる。まだこの世界に現前していない空間についての対話であるから、それは依頼者と設計者のイメージの交換である。住宅とは住まい手の私的な領域に属するもので、その人の空間に対する経験の量で情報の密度は左右される。依頼者の世界の拡がりのなかだけから建築を組み立てることは建築の可能性を狭めることになるのだが、設計者だけで一方的に空間を決定できるものではない。しかし、空間に関して表現の手段をもっていない依頼者と空間の概念を交換するのは困難である。また、いずれにせよ依頼者と設計者の交換は空間を表す言語によって伝達されるため、空間が現前する以前に言語によって建築は拘束されている。依頼者のイメージどおりの空間が達成できたとしても、それは私たち日本人が語る言語世界で拘束された空間が現れているだけである。住居は私たちの世界にすでに存在している慣習的コードとしての住居型式からの拘束と、私たちが使う空間を表す言葉からの二重の拘束を受けている。

設計者は空間のイメージに関する表現方法をもっている。平面図、断面図、模型、スケッチなどであるが、平面図という設計者にとってあたりまえな図法ですら、現実には体験できない抽象的な概念である。C・アレグサンダーが地面にロープを張って平面図を体験しながらそれを決定するという話を読んだことがあるが、壁の立っていない平面は実際に体験する空間とは別のものである。単なる平面の拡がりは実体として存在する空間と比べると抜け落ちるものが多すぎるため、情報の伝達としては不完全である。断面図は空間の構成に関する抽象的な概念であるから、図法と実際の空間の行き来はさらに困難である。

イメージを伝達するためにはそのイメージがひとつのまとまりをもたなくてはならない。そうした場合には部屋という単位がとられる。依頼者はイメージの伝達として必要な部屋とその拡がりを、部屋と部屋の関係性を設計者に伝える。依頼者とのイメージの交換から組み立てられる住居は諸室というイメージのまとまりが泡のように連続したものとなる。このイメージの泡も境界面は揺れ動き、ときに消滅してしまうこともあるし、また異なる泡が生起することもある。依頼者の住居にたいするイメージは不安定で曖昧なものである。大きく揺れ動くイメージの振幅を、建築という形式に着地させるためにやむをえず物質化する作業が設計者の仕事なのだ。

境界が定かではない空間のイメージに秩序を与えるのはとりあえず「人の動作手順」＝機能ということになっている。この「機能」という便利な言葉のおかげで寝室の適正な広さやワードローブの大きさ、そしてキッチンのなかでスプーンをしまう引き出しの深さまで決めてしまうことができる。分節されたイメージのまとまりとして空間が組織化されているために、住居はいたるところで分節され細分化されたものとなる。

私たちの住居はいつからかｎＬＤＫという数字とアルファベット記号の組み合わせで語られるようになった。不動産の住宅情報も部屋数によってその商品内容を伝える。ここでの住居とは機能分類された諸室の機能的配列でしかない。この諸室の機能的配列は一般的に住宅を参照するモデルとして慣習化しているため、住居をイメージする際のコードとして用いられる。たとえば、依頼者からは竣工時に想定される家族成員の動作手順から、ｎＬＤＫという諸室の機能的配列として要望が出される。

しかし、人の生活は気ままであり想定したようには空間は使われない。家族構成や生活様態も確たるものではなく、容易に変化する。家族や生活は脆弱な存在である。動作手順から事細かく設定した住居は、いとも簡単に内容物である家族や生活と不整合を起こす。厳格に機能を措定して組み立てられた住居は、時間の経過のなかでそのズレを吸収することはできなくなり破綻する。建築とは否応なく物質化した空間を生み出すものである。その物質化した空間は人の行為を規定する。人は気まぐれで不安定な存在である。その勝手気ままな戯れに対応するひとつのシーンとしての空間をつくることも可能である。しかし、その空間は時間のなかでその気ままな行為を固定する「力」としてはたらき、行為を拘束するというジレンマに陥る。

依頼者の不安定なイメージから空間を組み立てるのではなく、また諸室の機能的配列から空間を組み立てるのでもない、その両者からできるだけ遠い地点から建築を操作することはできないか。

空間の直接言語としての図式

住宅を設計するとき、依頼者との最初のヒアリングの後、小さなアブストラクト（抽象）模型から設計をスタートさせている。平図面は出さない。この模型は空間の組成システムだけを示しているもので、依頼者の仔細な要望は捨象してしまう。平面を現すスラブは抜くことが多い。こんな小さくて不完全な模型を前にすると依頼者はそれまでの住宅観から話を組み立てることができなくなってしまう。機能的配列とは平面図に依拠するものである。スラブのない模型からは動作手順をシミュレイトすることはできない。

依頼者の空間イメージは、住宅雑誌の写真のコラージュとしてつくられていることが多いのであるが、硬質な模型はその不安定なイメージをそこに想起させることを拒んでいる。この小さな模型は言葉を介さずにダイレクトに建築に飛び込む道具である。この模型を前にすることから、依頼者と設計者は同じ俎上で建築を組み立てる作業が開始される。当然、この小さな模型を提出する前に膨大なスタディが行われている。最初のヒアリングからの要件、サイトから引き出される要件、そして構造システムから工法のイメージ、室内気候のコントロールなどの検討が行われる。そのうえで現実の建築を成立させるのには必要であっても意図を不明にする要素は取り除いて、この空間を組成するシステムだけのアブストラクトモデルとしてある。

このように機能を還元するモデルをつくることは、一度つくりあげた建築を概念上廃墟にして、再び機能を立ち上げる作業を行うようなものである。この作業で機能の積み上げからではなく、空間組成のシステムから建築を再構築することになる。そして、この還元作業を通すことによってこの建築のなかに図式が抽出されている。いかなる建築も平面上に図面化されて内容が伝達さ

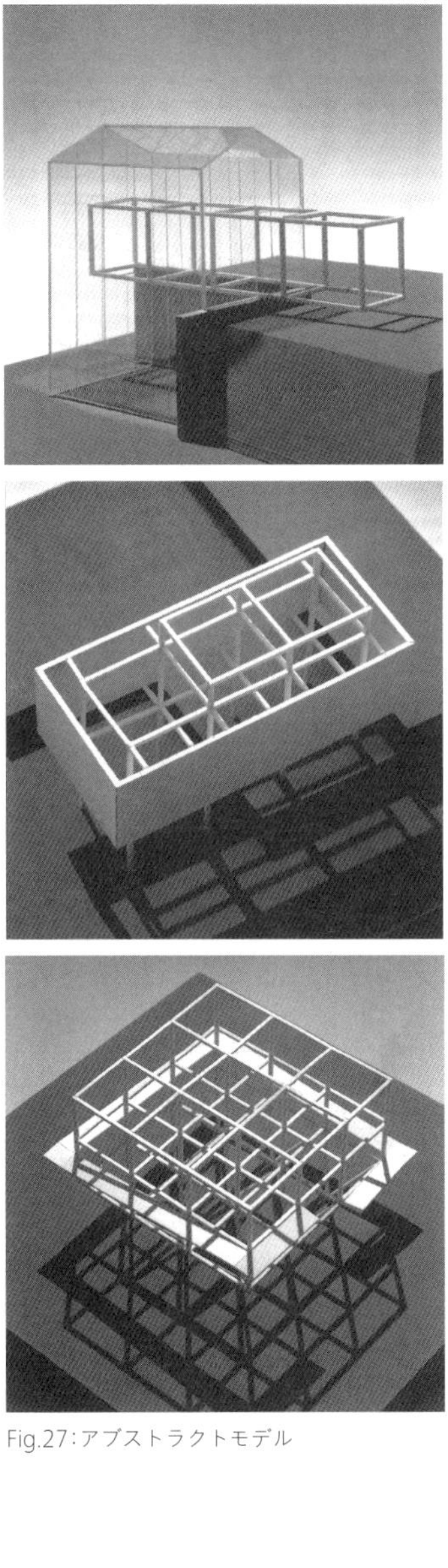

Fig.27：アブストラクトモデル

れるという意味ではあらゆる建築は図式化されている。しかし、動作手順から組み立てる場合では生活因習や言語世界からの拘束を受けるのに対して、空間図式から組み立てる場合はダイレクトに空間の問題として建築を扱えるのだ。

［1999.03］

2　アメリカを経由した「近代」

50年代のアメリカ

ＴＡＳＣＨＥＮから最近出版された『Modernism Rediscovered』（２０１３）という写真集がある。第二次世界大戦直後の１９４０年代半ばから60年代前半くらいまでの西海岸を中心としたアメリカの住宅を大量に扱っているのだが、この本に収められた住宅の写真を眺めていると有名なケーススタディハウスだけではなく、豊かな生活を表現する新しい建築がその当時大量につくられていたことがわかる。そしてこのような住宅をつくりだした当時のアメリカという社会が幸福感に満ちた時代であったことが想像できる。

その写真を見ていくと共通したイメージが存在する。内部空間の写真はリビングが中心となっており、それはオープンで流れるような空間としてつくられている。ほとんどの住宅は暖炉が設けられていて、その暖炉に火が入れられている写真が多い。食事やパーティの場面のような写真が多いのは、住宅に於ける幸せの風景であるからだ。ダイニングテーブルとそのテーブルを照らす照明の写真は、家族生活の重要な演出である。キッチンがその空間の中心に用意される場合があり、合理的で清潔なオープンキッチンの写真が載せられている。そして必ず広い庭での戸外生活を楽しむようなしつらえがされていて、そこにはたいていバーベキューグリルが置かれ、プールが設けられていることもある。

これらの住宅は幸福感を表現する空間というステレオタイプなのだ、と思う。第二次世界大戦で自国が戦場とはならずに戦勝国となったアメリカは、当時世界のなかで経済的にはひとり勝ちの状態であった。世界の戦後復興の物資はすべてこの国が生産し世界の富を集積していた。その時代の気分を表象するように、ウォルト・ディズニーが勇気と正義によって勝ち取れるファンタジーあふれる未来の物語を語っていた。テレビの普及とともにアメリカンホームドラマという善良な家族がつくる幸せの物語がいくつも語られた。アメ車という大型の乗用車は羽をもつようになり能天気な幸せのイメージを表現していた。そんな生活を収容する住宅がこの写真集のなかに掲載されているのだ。アメリカの50年代（フィフティーズ）とはまとまりをもった強力な文化のパッケージである。

デペンデントハウス

50年代はアメリカという国家が世界の覇権を握った時代である。欧州や日本に進駐したアメリカ軍の占領政策を見ていくと、食料を中心とした大量の物資と共に、誰もが幸せになる民主主義という社会システムを持ち込もうとしたように思われる。日本の敗戦後、アメリカ軍は1万3000世帯という大量の家族をともなって進駐しているのだが、その豊かな近代的家族生活の様態は民主主義のプレゼンテーションとしての重要な意味が与えられていたのではないかと思われる。この内容に関しては『占領軍住宅の記録（上・下）』（小泉和子・内田青蔵・高薮昭、住まいの図書館出版局、1999）に詳しいが、そのなかで、この米軍の占領軍家族用住宅《デペンデントハウス》の設計責任者であったアメリカ軍少佐が「日本人に対して新生活様式の先駆けとなる日米折衷様式である」と明言していたと紹介されている。戦前の日本の住宅は家父長制による家族に対応するもので、現実の家族の生活に対応するよりは格式が重んじられるつくりとなっていた。そこでは、立派な玄関や床の間付きの客間が重要であり、台所や主婦の家事に対する配慮はさほど重要視されていない。デペンデントハウスは民主的な近代家族の生活様態に対応するものであり、居間、食事、寝室の三つのゾーンを明確に分離した平面プランとされていた。そして、その住宅設備は物質的な豊かさに満たされている。セントラルヒーティングの設備が標準的に備えられ、キッチンには大型冷蔵庫、電気レンジ、電気温水器、洗濯機、パーコレーター、ミキサー、ワッフル焼き器、ディナーセットなどの食器、鍋パン類、チーズおろし、肉挽き器等々、モダンな生活を行う道具が標準的に設けられていた。この進駐軍のデペンデントハウスの建設によって、ソファーからグレープフルーツ用ナイフに至るまでの約95万点にのぼる家具、什器、電気機器が住宅関連産業に発注されたそうである。それまで見たこともなかったモノが身近に置かれることとなり、直接的にアメリカの生活様式が伝達されたのである。50年代に進駐軍によってもたらされたこの生活文化としてアメリカのフィフティーズの文化パッケージは、日本の経済復興とともに、60年代になると日本人の生活様式のなかに移入される。

軽井沢の別荘

1970年に竣工している吉村順三の《脇田山荘》はこのような時代背景のなかに存在している。軽井沢に建つ別荘ということもあって、日常生活を支える住宅とは異なり、この山荘には家族生活の容れ物としての理想の形式が構想されているように思える。主階の平面は南の方位を囲むように曲げられ、すべての部屋に陽が射し込むことが約束されている。配置図をみると敷地規模は住戸平面に比べて十分に広く、道路付きからの離隔距離も十分にとれているので、壁面後退線などから決められたのではなく、この平面形状には太陽の方角を囲むように建物を曲げるという意志がはたらいていることがわかる。

平面の中央はダイニングリビングとしての居間が設けられている。この居間をコントロールするようにキッチンカウンターが設けられている。キッチンは手元が隠されているのだが、そこで調理する人は居間に顔を向けるようにされている。キッチンではたらく人は隠されるのではなく住居の中心に居る。このオープンキッチンを可能にするために、通常は吊り戸棚などに組み込まれるレンジフードが裸で降ろされ、このシロッコファンの組み込まれるフードは注意深くデザインされている。居間の中心にある、曲げられた平面の屈曲点にあたる位置にダイニングテーブルがセットされ、そこに特注の大きなペンダントライトが降ろされている。この位置は内部空間の視点が集中する焦点であり、ここで前述した家族の幸せの風景としてのパーティや食事が演出されているのだ。

この主階は有名なデッキプレートを用いた気道に流す温風による床暖房が設けられ、セントラルヒーティングとなっている。そしてこの居心地のよい居間をさらに象徴するように暖炉が設けられる。暖房としての機能はオイルファーネスを熱源とする床暖房が担保しているので、この暖炉は火を囲むという行為の表象として置かれていることがわかる。この居間を中心に寝室とアトリエが振り分けられるのだが、曲げられた平面のためにこの諸室への移動はスムーズである。視線は連続しなおかつ角度の振れが空間を穏やかに分節している。平面が曲げられているために、東端に設けられている書斎から同じ建物にあるアトリエを眺めるという視点がつくられている。

幸せな家族生活というシーンが組み込まれた舞台セットのようなこの主階平面は、地面から切断されてピロティで持ち上げられている。たかだか一層の木造家屋を載せるためにRCの構造体をつくるのは過剰な構造であり、合理性はない。同様の構成は1962年に竣工した《吉村山荘》でも用いられており、そこでは軽井沢の土地は湿気が多いためRCの構造体で主階を持ち上げたと説明されている。この山荘のRC造の1階には倉庫、機械室といった生活を支えるためのものが置かれ、大きな跳ね出しスラブはハンチで持ち上げられるような形状を与えられ上部の主階を支えている。《脇田山荘》においてもRCのピロティを設け、主階は地面と切り離されるというこの空間構成の概念がさらに展開されている。そして、このピロティにはデッキの張られた場が用意され、そこに付属するようにファイヤープレース（バーベキューグリル）と流しが設けられている。ここにも戸外生活を楽しむシーンが組み込まれ、舞台セットのような作為がみられる。

ユートピアとしての生活スタイル

この軽井沢の別荘は実生活からは切り離された、ある意味でダイアグラムのような住居である。プログラムは、軽井沢という別荘地の広大な敷地に建つアトリエ付きの住居という、当時の日本のなかでも特権的な住宅である。そのどこにも存在しないような特権性をもつ住居であるからこそリアルな生活は捨象され、ユートピアとしての生活スタイルがスタディされている。その生活スタイルの下敷きになっているモノは〝50年代のアメリカ〟のモノである。そしてその生活スタイルに対応する空間は当然のことながら〝60年代の日本〟であるという変形を受けながら〝50年代のアメリカ〟が展開した幸せな家族生活の表象としての住居が再現されているのだ。

もう一度この《脇田山荘》を検証してみよう。この山荘では使われている材料には高価なものはない。仕口や加工に特殊な技術を必要とするようなつくり方はとられていない。そこには合理性という概念が存在しているように思える。角度が振れたカネ（直角）のない平面はある種自在な空間体験を演出している。同時に木造軸組の構造材の取り合いも自在さが要請されている。必要なところにスチールの補強を入れるという、伝統的な木構造とは異なる合理精神が内在している。そして、通風や採光といった住居の性能に対して細やかな配慮が行われ、開口部の処理や軒の造りなどが住居の形式性を超えて優先されている。さらに眼には見えない住環境を支えるための設備機器に大きな関心が払われている。デッキプレートによる気道を用いた温風床暖房というのは、世の中に流通する工業製品を最大限利用しようとするイームズの自邸のコンセプトと共通するものがある。そのディテール図面は素人大工の検討図のようであり、そこに大いなる素人のようにチャレンジして新しい建築のつくり方を開発していたケーススタディハウスの建築家たちの姿勢と共通するものをみる。

このようなつくり方の合理性という側面をもちながら、そこにつくられる空間は前述したように家族生活を演出するしつらえに注意が向いている。行為を促すようなしつらえが舞台セットの道具立てのようにつくられているのだ。

RCのピロティの上にはユートピアがあった。この《脇田山荘》は吉村順三の他の作品が抑制の利いたつくられ方がされているなかで、ただひとつ特異な建築である。それはアメリカの50年代から始まる幸せな家族生活を表現する住宅の、日本的展開のおそらく到達点なのである。

1968年、パリの五月革命から始まる若い世代の世界的な異議申し立て運動は、この欺瞞に満ちたアメリカ民主主義に対する嫌悪感だったのではないだろうか。アメリカの自国でもベトナム戦争の反対運動と公民権運動のなかでこのナイーブな民主主義は否定されていった。磯崎新による連載「建築の解体」が『美術手帖』で始まり、1968年に創刊された『都市住宅』誌に取り上げられた当時30代の建築家たちの提出する住居は、この幸せな家族生活の舞台装置のような住宅を乗り越えていた。吉村順三の目指していたものから大きく舵が切られ　建築はメタ概念へと移行したのである。だから、この《脇田山荘》は1970年に竣工し建築雑誌に発表されたが、すでに時代は大きくシフトしており、その時代のなかに置き去りにされたのであった。［2004.09］

3　社会化する住宅

民主主義を表現する住宅

1950年代、60年代の日本の住宅建築は、家族生活と空間の対応が重要なテーマであった。敗戦によって家族概念が大反転された後、近代家族のための住居が模索されていた。その民主主義に基づく家族を収容する住宅のお手本が、アメリカのモダンリビングであった。そして、直接的にモデルとされていたのがケーススタディハウスだ。それはアメリカ西海岸でつくられていた独立住居で、メイドを置かずに主婦ひとりで家事を行う核家族を対象としたものである。このような中流の階層の住宅建築家が携わったのは、これが『アーツ&アーキテクチュア』という雑誌の特別企画であったからだ。流れるような大きなリビング空間を中心に置き、主婦の家事が家庭のなかで主人公となるこの住居の形式は、おそらくアメリカにおいても十分に発見的であり、民主的な家族生活の喜びに満ちたものであったと思う。

この流れるような空間を実現させるために鉄骨軸組構造でつくられた空間が、日本の伝統的な木造軸組構造の空間に相似しており、参照しやすかったのかもしれない。そのため60年代までの住宅建築の中心的思潮は、このモダンリビングの日本的翻案であった。広瀬健二や池辺陽《きよし》はその翻訳の中心にいた。『モダンリビング』という雑誌は『アーツ&アーキテクチュア』のリメイク雑誌のような役割をして、新しい住居概念をプロモーションしていた。そのなかで、民主的家族に対応するnLDKという「住居の形式」と、流れるようなリビング空間という「住宅の様式」が混在して語られていた。その当時は、住居とはイデオロギーの対象であったのだ。

多様性のなかに消失する住宅のテーマ

1970年代になると、高度成長経済を経験し、十分に豊かとなった日本の社会では、ステレオタイプのモダンリビングでは住宅の規範にはならないということが明らかとなる。自立した家族成員が広場のようなリビングで集う、ということが民主主義に基づく近代家族生活であり、その家族生活に対応する空間図式がnLDKである、という仕組みに疑問が出される。1968年創刊の『都市住宅』のなかでは、現実の家族という人間集団に対応する新しい住居形式を開発するもの、先験的な空間原理を住居に対応させるもの、装飾的な様式を前面に出した住宅を提案するものなど、多様な住宅の姿がレポートされている。そこでは「住居の形式」と「住宅の様式」は意識的に一体となって表現され、日本独自の地域主義的な住居として提出されていた。

そして、現在は都市に人口の過半が住むという都市型社会となり、そのなかで核家族という家族形態の解体が進行している。この都市型社会では、住居は単体ではなく集合化していくのは当然で、議論の中心は住宅の集合形式へ向かっている。戸建ての住宅は社会動向から取り残され、今では「住居の形式」などではなく、アート作品であったり工芸品のように、観賞の対象となっているのかもしれない。住宅というものが敷地のなかで閉じた、私性に属する表現だとすれば、そこには社会的に議論するものはない。

社会化する住居の形式

家族の様態が多様化し、もはや固定的な家族像は存在しない。そして家族が少人数化しているので住居内でのプライバシーのレベルは下げられる。その結果、住居内での空間の組成は単純に扱うことが可能となり、住宅は大きなワンルームで済んでしまう。家族生活というものは「住居の形式」を決定するほどの拘束力はもたないということである。

しかし、建築や都市というものが人間の集合形式に対応した空間表現であるとすれば、その最小の集合形式に対応する住居はやはり社会に無関係ではない。現在進行している社会の大きな変化にともない、家族のあり方も、仕事の仕方も、共同体のあり方も変化している。変化の途中では、その意味が容易には見えてこないのかもしれないが、たとえば核家族の解体は専用住宅の解体でもある。そしてそれは、個室群住居のように人間の集合が個体に分解され、それがまた複合化し、新たな共同体の形式をつくる。専用住宅ではその家族内の構成が主要な空間の決定要因だったのが、その住居そのものが社会化する。そして、社会化する住居の形式は、社会から規定されていくのだ。だから、この社会変化の最前線が住宅なのだ。

〔2008.11〕

4　住宅は都市に溶解する

新人賞というもの

「新人賞」という名のつく賞は、何か晴れがましく、社会が新しいものを待ち焦がれている期待感が表明される気持ちのよい顕彰だ。どんな分野でも「新人賞」によって新人は発見され、そのソサイエティに迎え入れられる。建築の新人賞は、1987年に創設された吉岡賞と1989年に創設されたＪＩＡ新人賞のふたつがあるが、その顕彰の方法や評価の基準は大きく異なる。新人賞なので他の受賞歴がないことが前提となるのだが、どちらの賞も互いの賞を受賞歴とせず、両方の新人賞を受賞できるというところが新人に対する寛容があふれていて素晴らしい。ＪＩＡ新人賞は応募することが前提であるので「公募型」の賞である。会員であることが要件なので入会手続きをして応募書類を提出しなければならない。公開審査、現地審査という手続きを経て選ばれる。それに対して、新建築賞は『新建築』本誌、『新建築住宅特集』に掲載された作品から選出されるので「選考型」の賞である。まずは両誌に掲載される必要はあるが、掲載された誌面から審査員が一方的に選出する賞である。本人は何も知らないのに一方的にくれるという「選考型」の賞であることが初々しくて新人賞らしい。

バブル経済と「軽い建築」

建築の新人賞が設けられた1980年代後半は未曽有の好景気で、不動産価格が高騰し、都心の八百屋を廃業して不動産屋に売却すればニューヨークのビルが一本買えると言われていた。新人賞の対象となるような30代の若手の建築家が、数十億のプロジェクトを受注していた。そんな時代である。1987年の第2回吉岡賞の審査座談会では、村松貞次郎から不動産の高騰で建築は地価の10分の1であることが紹介され、「いつでも地価に対応して建て替えていくことができる建物、博覧会的な建物が建築であるという時代」という建築感が紹介され「軽い建築」というキーワードが提出される。そして、この言葉を軸に審査は展開する。倉庫の様な鉄骨造の《NAP HOUSE》が選出され、受賞した杉浦伝宗は「身に余る光栄、青天の霹靂」と感想を述べている。1995年のMoMAで企画される「ライト・コンストラクション（Light Construction）」展の8年前である。

新人は上の世代に対抗して新しい時代の感覚を持ち込もうとする。そして、住宅という建築は設計から竣工までの期間が短いので、時代の感覚を反映しやすい。だから住宅特集での新人賞は建築というモードの標示器《インディケーター》という役割も与えられている。しかし、賞の選考は年長の審査員の価値観によって決められるので、それは建築に倫理を与えることにもなるのだが、反動に動くだけの場合もある。

80年代後半のバブル経済の海のなかで建築の行く末が見えない。この時期の審査座談会では時代の境界面での抗争がいくつも展開されている。そのなかで1989年の第6回吉岡賞の黒川紀章、木島安史、山本理顕による審査座談会で、この境界面が突き破られる。妹島和世の《PLATFORM》が「全く新しい建築」の登場であると、最も年少の審査員である山本が鮮やかに論証してみせたのだ。山本は「衣服のような建築」という表現をこの建築に与え、さらに、これまでの建築とは異なる新しい普遍的なテーマが提出されているのではないか。それこそが、山本（自身）も含めたわれわれ（既成の建築家たち）を置き去りにするものではないか、という自らも殺してしまう必殺の論の展開を行うのである。さらに「歴史家が将来、この時代のことを書いたとするならば「PLATFORM」しか残らないのではないか……（中略、そして）もちろん「PLATFORM」にしても、たまたまこの時代の風景みたいのをすくいあげたから残ってるだけで、彼女の力量とは無関係かもしれないですけどね」と歴史のなかに位置づけてみせる。建築とは社会的背景によって規定され、さらに言えば、建築によって時代は読み取られるものなのだ。

1989年末に日本のバブル経済は頂点となり、その後一気に崩壊する。だから《PLATFORM》はこの時代の泡を表象した最高のモードであり、山本の指摘の正しさは現在という時間距離をおいた歴史のなかで了解できるのだ。なおこのバブル崩壊の90年以降、審査座談会では建築を定義する共通の言葉を失う。

1995年という切断面

吉岡賞は通常は2名選ばれるのであるが、1996年の第12回は異例である。授賞者は難波和彦、石田敏明、坂茂の3名で、しかも坂茂の2作品が授賞対象とされているので、4作品を授賞対象とするインフレーションである。この候補推薦は95年に発表された作品からノミネートされているのだが、審査員の妹島和世は「住むということが趣味の問題だけで片づけられ始めていると言えるのかもしれない、それは決して好ましい状況ではない」という閉塞した時代感覚を表明し、この飼いならされた状況を突き抜け、その先にある新しい一般解を獲得する作品を求めたいと表明する。それを受けて、野田俊太郎は95年の阪神淡路大震災を引き合いに出し、都市の崩壊と再生という状況に対応するケーススタディとしての建築という主張を展開する。野田のリードによって「都市風景としての住宅の解」という言葉が出され、4つの作品が選ばれる。《箱の家－I》、《F4》、《カーテンウォールの家》、《家具の家》である。日本の都市住宅のスタンダードを表示することが目論まれるのであるが、同時に、この一般解によって、建築は固有のものではなく、多数のなかに匿名化されていくように見えた。

この第12回の吉岡賞は特異点であるが、その背景にある1995年は、後の時代から明確な

「切断面」であると認識される。都市と建築にかかわる事件として、阪神淡路大震災によって人間が築き上げてきた物質がいとも簡単に破壊され、地下鉄サリン事件では生活世界の精神の荒廃が明らかにされ、サティアンと呼ぶ建築メディア不在の宗教の登場を知る。このような暗澹たる現実のなかで、伊東豊雄の《せんだいメディアテーク》とFOAの《横浜港大桟橋国際客船ターミナル》のコンペ案という、人を自由にする公園のような空間が未来に向けて提示されている。社会的事件としては、1995年に「ウインドウズ95」が発売され、メディアとしてのインターネットが爆発的に普及した年であり、同じ年に携帯電話がほぼ現在の形式に整備され、これも爆発的に普及する準備が整った。21世紀に向けて人々のコミュニケーションの方法はこの時期に一変するのだ。

自壊するnLDK

2004年あたりに日本の総人口はピークを打ち始め、しだいに人口は減少していく。しかし、住宅戸数と世帯数はこれからも漸増するようである。それは世帯当たりの人数が減っているからで、統計を見ると日本では20世紀末に一人または二人世帯の家族が過半を占めるようになり、現在は全国平均の世帯当たりの人数は2・5人ほどで、そのうち一人世帯が3分の1ほどを占める。東京都の区部では2005年にすでに世帯当たり人数は2を割っている。戦後の日本の住宅政策は核家族という標準家族に対応する住宅の整備を行ってきたのだが、標準家族という背景を失い、住宅の意味は大きく変容している。住宅という〈容器〉と家族という〈内容物〉に齟齬が発生してきているのだ。当時の審査座談会では、住宅における家族生活が読み取れない、または希薄であることが問題とされる。98年の第14回吉岡賞では香山壽夫が「家は家族のものだ、その家族が見えない」と表現し、99年の第15回吉岡賞では冒頭に阿部勤から生活の不在が指摘され、「開放的な住宅が多く見られ、守られるという意識が希薄になっている」と記述される。磯崎新から「あらゆる小住宅はnLDKに還元できる。住宅には建築という問題は存在しない」と挑発されているのであるが、1950年代から日本の住宅設計で主要なテーマであったnLDKという制度の乗り越えは、nの意味が消滅したことで自壊してしまったようである。nLDKのnが複数ではなくなる、または2人という関係になると空間の形式が変わってくる。住宅内でのプライバシーが不要になるため諸室の関係性という計画学は必要がなくなり、住宅は大きなワンルームで解けてしまう。大きなワンルームにキッチンセットと水廻りを配置すれば住宅になるというわけだ。ショールームの様な裸のバスルームやオープンキッチンが住宅のボキャブラリーとして登場する。生活という切実な問題を切り捨てた住宅は、空間を内在するただのアートピースのような表現となる。空間構成が単純となるため住宅の主題は諸室の関係から空間の組成に向けられていくのだ。空間をオブジェのように組み立てる場合、構造、構法が重要となるため、構造家の池田昌弘が2000年の第16回から5年間に9回も推薦作品にノミネートされている。そして、

２００４年の第20回の審査座談会のテーマは「住宅に固有の問題を超えて」とされるが、これは住宅にｎＬＤＫという設問がなくなったことを意味している。

変容する住宅の主題

吉岡賞が設立された当初は、１９８０年代のバブル経済の背景もあって別荘がたびたび推薦作品にノミネートされ受賞している。別荘は切実な生活を引き受けないため空間は純化され、わかりやすい。写真というメディアで伝わりやすい空間なのだ。住宅という建築形式は生活を内包するものなので、生活に対する思想がなければ建築にはならない。審査座談会ではそれを問題として別荘を対象からはずすという議論も出されている。そして、世帯人数が２以下となる現代の住宅もその内部空間は単純化され、別荘と同様わかりやすい。しかし、都市にある住宅は自然環境のなかにある別荘とは異なり、都市の問題を引き受けることになる。すなわち、ｎＬＤＫのｎは消去され、住宅は大きなワンルームという単純なＬＤＫ空間となるのだが、それが集合するＬＤＫ×Ｎという集合形式、さらにはＬＤＫ＋Ｘという住宅機能に他機能が複合する形式、既存の街並みとの関係など、都市に拡張する問題が登場している。住宅の主題は明らかに変容しているのだ。

２００８年、第24回の審査座談会の冒頭で、千葉学と古谷誠章はともに大きなテーマが見えなくなったという共通する現代の状況認識を語る。そのなかで、ふたりが取り上げる推薦作品とそのなかに見出すテーマは多様である。大きなワンルームとして解かれる住宅では個の領域の問題や人間の個体間距離などの問題、都市のなかで弧絶するのではなく外部と気脈を通じるという関係、地方都市や郊外の住宅における外部空間との関係、ディベロッパーが開発する商品としての集合住宅にも存在する可能性など、この時代に表出する様々な問題群を俎上に取り上げ議論する。そのひとつひとつは関係のない独立した問題に見えるのだが、総体として見れば私たちの生活のあり方が大きく変容していることを示す多様な切片として表出していることがわかる。

関係性と集合の形式

戦後、日本では民主化を進める社会制度が導入され、大地主による土地所有が解体され土地所有の細分化が進められた。さらに1950年に制定された建築基準法では一敷地に一建物とされ、その建物の仕様も細かく規定されている。このような制度設計によって均質な戸建て住宅が建ち並ぶ住宅地風景が生まれている。だから私たちの眼前にある粒のそろったカーペットのような住宅地の風景は、民主主義という制度がこの社会で機能していることを示しているのだと思う。ルールさえ守れば敷地内では土地所有者の自由意思でどのような建物も建てられるというこの民主的システムによって、日本では膨大な数の住宅設計のマーケットが生まれ、多数の若い建築家がそこに参入し育てられてきた。

さらに現代では、コミュニケーション手段の変化にともない社会制度も変容し、家族や住宅というビルディングタイプそのものにも再編が始まっている。人間の関係性をつくるコミュニケーションは拡張し、家庭のなかに留まらず外部世界に拡がる。人々は現実の世界だけでなく仮想の世界でコミュニケーションを行うようになるのだが、そのような事態になって、あらためて身体をもった人間の関係性に介入する空間に意味が与えられる。それこそが建築が取り組まなくてはならない主題なのだ。

21世紀初頭、都市のなかで人々の関係は切断され隔離されていく、そのなかで生活の集合や複合の形式は新しいコモンズを表現しているのかもしれない。戸建て住宅であっても周囲との関係性を積極的にとろうとする住宅や、住宅のなかに仕事場を取り込む建築、家族という概念が拡張された集合形式をもつ建築など、人間の生活を内包する住宅というビルディングタイプは大きく変容を続けている。同時に、私たちが新しい空間を措定することで、未来の人間の関係性を規定する。建築の領域は人間の生活という実体を扱う住宅からその集合形式が生産する共同体の概念まで拡張し、同時にその共同体は都市という住宅の集合形式で定義されていくのだ。

［2011.04］

5　「建築」概念の更新と「フィールド」の発見

発見される「建築家」

吉岡賞は『新建築住宅特集』と『新建築』で取り上げた作品群を、すでに名前のある建築家の審査員が選出する。雑誌に掲載されることは吉岡賞にノミネートされるという構造をもっているので、雑誌掲載の意味づけが他の商業誌とは異なる。新人賞なので新人を発見する編集部の取材力が測定される。そして、審査の方法は現地審査を行わないで、誌上の「写真＋図面＋テキスト」情報だけで判断するという形式だったので、編集部のメディア能力が評価されていた。以前は審査員は世代別に3名選ばれていたので、世代によって異なる価値観が浮き彫りにされるという構図が仕掛けられていた。そして、この審査の様子も座談のような形で記事にするので、雑誌としての商品を再生産できるというメカニズムをもっていた。年長の建築家の選定を覆す若手の切れ味のよい審査員の登場や、審査講評のなかで発見される問題意識など、新しい建築動向を読者に伝えるニュース性をもっている。建築家の「スター発見」という、様々なレベルで仕掛けられた巧妙な（いや、素晴らしい）編集企画だと思っていた。昨年から二段階の審査方式として二次審査で建築家本人の面接も入れたので「写真＋図面＋テキスト＋人物」という審査項目にされ、より精度の高いスター発見が狙われた。そして、今回はノミネート作品だけではなく一連の作品履歴も審査対象とするという時間のフィルターが付加された。吉岡賞も時代のなかで変容しているのだ。

更新される「建築」という概念

2014年の第30回吉岡賞は西沢大良と塚本由晴という、東工大のほぼ同期のふたりが審査員である。東京工業大学という、20世紀的な産業社会を支えるためにあった大学を出自とするふたりの建築家は、建築（アーキテクチャーと言ったほうがよいかもしれない）を文明論的に捉えている。西沢はヨーロッパに始まる近代という文明を、塚本は産業社会や都市文明を背景として建築を批評しようとする。そこでは、美学または情緒的な審美は排除されている。そんなものは建築の主題ではないのだとする暗黙の了解が両者にあるよう読める。ふたりは学生時代から、そして今も、30年間ほど対話をしてきたと思う。そして、互いに価値観を共有し、または抗争してきたと想像できる。タフな思想的背景をもつこのふたりを審査員として招聘する。審査のあり方を変えようとする編集企画の意図がそこにある。

建築を作品として美学的に評価するのではなく、建築とは社会の変数であり、人間の営みによって形成される社会様態（文化または文明なのかもしれない）が建築という形式で表出されているものだとして考えれば、時間のなかで普遍的価値を与えようとする作品という美学的な価値は意味がない、ということなのだ。

新しい「世界」の出現

ふたりの議論において、世界は大きな切断面にあるという時代認識が読み取れる。大きくは400年続いた、ヨーロッパを中心とした近代という文明の終焉かもしれない。それは同時に資本主義という社会システムの終焉も示している。資本主義という拡張拡大または欲望を原理とする社会システムは地球環境を破壊するだけで人々を豊かにはしない。一部の物質的富を占有する者と多数の貧しい人々という社会をつくっている。東日本大震災のあった年あたりに日本は人口のピークを迎え、しだいに漸減している。それでも都市部への人口圧は存在しているので、地方や郊外は急激な人口減を迎えている。単身世帯は全世帯の3分の1ほどとなり、全国で8軒に1軒は空き家である。

世界で最も洗練された工業社会をもつ国が、世界のなかで最も早く減衰社会を迎えている。この社会はこれまでの近代社会が創造してきた事物とは異なる思想を要求している。アーキテクチャーという言葉には「仕組みのデザイン」という意味が含まれている。または建築とは目にはみえない権力や人間の関係性を空間という身体言語に変えて、人々にそれを伝達するという政治機能をもっている。今を文明の変換点であるとするならば、ミネルバのフクロウのように、それを告げる役割が建築には与えられているのだ。それは定常型社会のシステム設計であろうし、減衰の空間デザインかもしれない。そんな新しい建築の登場を社会が要求しているのだ。

新しい人々の登場

新しい時代の新しい建築の登場と、そこにある新しい建築の美学を見たい。新しい時代を切り取ろうとする『新建築』編集部の意図が見える。西沢大良と塚本由晴がその案内人である。彼らが興味を示すのは、「新しい人々」のための建築である。産業社会を批評的に観察し、自然と共生する農業を目指すクライアントのための建築。シェアハウスという家族ではない新しい共同体を形成する社会装置のような建築。さらに人々の関係性を生成する装置としての伊東豊雄の《みんなの家》。審査員の意図は明確である。新しい時代に「新しい建築」が生成される「フィールド」を探している。その結果、彼らが選定したものは、マテリアルフローなどによる地域社会のリサイクルである。おそらく両人にとっては不満である。彼らはすでに新しい「状況」を表現しているのだだから。

賞とは審査員の思想表現なのだ。ザハの《ザ・ピーク》、チュミの《ラ・ヴィレット》、伊東の《せんだいメディアテーク》が磯崎新のものであるように。この吉岡賞で評価されるのは審査員なのだ。表彰され、見出されたのは「フィールド」であって、《富塚の天井》という作品ではないのかもしれない。

［2015.01］

6　住まうことから考える、生き延びるための家／ホール・アース・カタログ

海図からカタログへ

２０１４－２０１５年の2年間、日本建築学会誌編集会議では、篠原聡子編集委員長が「住まうことから考える」というテーマ設定を掲げ、30名を超える編集委員の多様な議論のうえに、様々な方位から「住まうこと」について検証してきた。最初の編集会議のときには行き先の見えないテーマに対して「海図」をつくるという作業を行った。この時点では、まだらな分布を示し、航路は決まっていない。それから2年後の今、大団円を迎える11、12月号は、住まうことから考える「生き延びるための家」のカタログを『ホール・アース・カタログ（Whole Earth Catalog）』のように編集するということになった。

『ホール・アース・カタログ』といってもご存じのない方がほとんどかもしれない。１９６８年から72年にかけてアメリカ西海岸から出版された、生活にかかわる商品カタログの束のような雑誌である。表紙に宇宙から撮影した丸い地球の写真が貼りつけてあった。人類がはじめて宇宙か

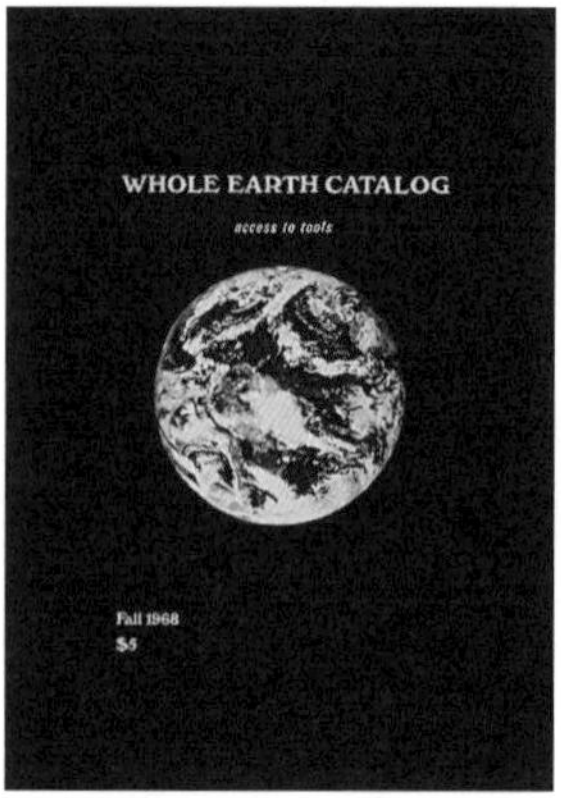

Fig.28:『ホール・アース・カタログ』表紙

らカラーの丸い全地球を見る視点を得た直後であった（1967年11月にNASAによって打ち上げられた人工衛星ATS-3）。カタログはバックミンスター・フラーの『宇宙船地球号操縦マニュアル』（1963／邦訳＝芹沢高志訳、ちくま学芸文庫、2000）のコンセプトを背景としていたので、この表紙の写真は重要だったと思う。そのコンセプトとは、「私たちは地球という閉じた環境システムのなかに生きている。そのなかで有限の資源である化石燃料や原子力エネルギーをインフラとする社会を持続することはできない。太陽から受けるエネルギーや自然の循環のなかにあるエネルギーをインフラとする社会を目指さなくてはならないのだ」というものであった。フラーのこのコンセプトを教養として組み立てた『ホール・アース・カタログ』は、当時最もエネルギーを蕩尽していたアメリカという社会から提案された、生活にかかわる総カタログなのである。

自然環境と人工環境の抗争

資本主義の要求する「無限の成長と拡大」というコンセプトの不可能性は、地球環境の有限性から示される。それは、同じ時期にヨーロッパとアメリカから出版された本によって、まとまった概念として提示されている。ひとつは、世界各国の財界人・知識人・科学者らによるローマクラブからの報告書『成長の限界』（1972／邦訳＝大来佐武郎監訳、ダイヤモンド社、1972）。そこで示されるものは、地球資源は有限であり急激な人口増加には対応できず、いずれ成長の限界を迎えるという、しごくあたりまえな論の展開なのだが、成長の渦中にいる人々にとっては衝撃のレポートであった。その後、資源開発のイノベーションが進展してその限界点は先延ばしになっているが、この構図は変わらない。もうひとつは、アメリカ東海岸のランドスケープアーキテクトのイアン・L・マクハーグの『デザイン・ウィズ・ネイチャー』（Design with Nature）（1969／邦訳＝インターナショナルランゲージアンドカルチャーセンター訳、集文社、1994）である。そこでは開発行為という自然を克服する人為行

Fig.29:『成長の限界』表紙

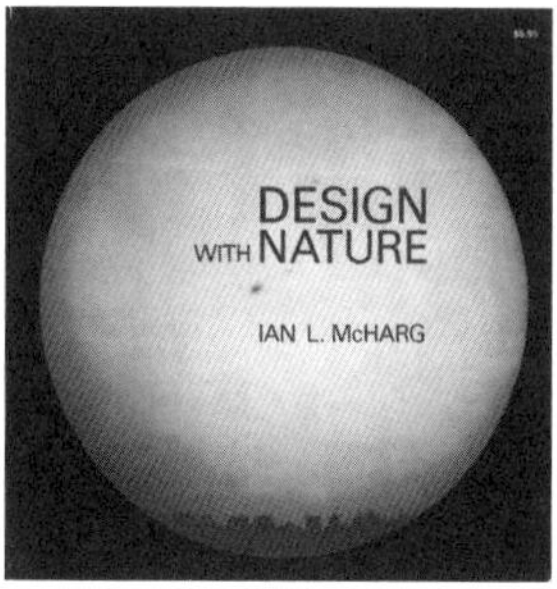

Fig.30:『デザイン・ウィズ・ネイチャー』表紙

為の問題を明らかにして、自然環境と人工環境を等価に扱うエコロジカル・プランニングという概念が示されている。この2冊の本によって、20世紀の世界が進めていた経済活動に内在する深刻な環境問題が人々に意識されることになる。

そこで、その予兆のような『ホール・アース・カタログ』と、それを生み出したヒッピームーブメントの存在に気づく。と同時に、そのムーブメントの先駆けとして、バイブルのように存在していたフラーの『宇宙船地球号操縦マニュアル』の先見性に驚くのであるが、それは当時のアメリカという社会で生活する者の眼には、あたりまえのように見えていた事象ではなかったかと思う。

第二次世界大戦後、1950-60年代、世界の富が集中し、当時世界で唯一桁はずれに豊かな生活をしていたアメリカ社会は、高度な資本主義社会をドライブする壮大な社会実験の現場であった。

『ホール・アース・カタログ』が出版された頃、世界には身近な生活のなかにある地域的な価値や思想がまだ存在していた。オープンな市場主義社会を前提とするアメリカが生産する文化パッケージが、その地域性を漂白し塗り替えていくような状況に抵抗する運動があった。外形上は体制をめぐるイデオロギーの抗争なのだが、日常的な生活への文化的侵犯を契機とする抵抗の運動である。だが、この闘争の只中にいる者には、地球環境を問題とする抵抗運動という大きな構図の存在には気がつかない。

面白いのは、商品で満たされたアメリカ社会のなかで、その社会体制に抵抗する運動があったことである。それは高度な資本主義が進行するなかで、その社会が要求する価値観に共感できない者や、その社会規範に日常生活が拘束されることを嫌う者が、離脱する運動である。当時アメリカが遂行していたベトナム戦争という最大の経済活動に対する嫌気でもあった。フラワームーブメントまたはヒッピームーブメントという運動は、アメリカ以外の地域では反アメリカ文化闘争であったものなのだが、アメリカという体制内では、その体制からの離脱運動として存在したのである。高度な資本主義社会からの離脱は、フラーの言説を教養とすることで環境主義ないし自然回帰的内容をもっていた。『ホール・アース・カタログ』は、そんな思想を商品カタログの束として見せていたのだ。

そのときは気づかなかったが、当時のアメリカの文化世界が巨大であったことに驚くのは、物質的欲望が支配する資本主義体制に抵抗する思想が、『ホール・アース・カタログ』というモノの集積によって、しかも全地球《ホールアース》を語って出現していることである。

情報の民主化のなかで

この『ホール・アース・カタログ』が出版された頃は、世界は未だ情報は非対称であった。

そして『成長の限界』、『デザイン・ウィズ・ネイチャー』が出版され、人為的活動が地球環境を危うくするという警鐘が出されてから40年ほど、世界はその事態を理解しながら、さらに自然を蕩尽しきるためのイノベーションを開発してきた。日本では1950年代半ばから始まる高度成長期がこの時期（1970年前後）に終了し、経済活動を中心にする国土の基盤が整備された。その後、20年間ほど世界で最高水準の工業生産を行い、高度に洗練された工業化社会をつくり、その期間、壮大な自然破壊を行ってきた。1990年のバブル崩壊直前には日本は世界最大の経済大国になると目されていた。そして今、その経済の拡張期を終え、人口の縮減と少子高齢化社会を迎え、経済は停滞し、成長しない定常型社会のなかにある。見方を変えれば私たちは「無限の成長と拡大」の終焉した社会を生きている。それは、未だ世界が経験しない新しい様態の社会を経験していると言えないだろうか。1950－60年代のアメリカで生活する者が先験的に未来を見ていたように、この社会で生活をしているからこそ先験的に見えている未来がある。

21世紀に入りアメリカが用意したインターネットという情報インフラによって、劇的に世界は情報の民主化が進行している。世界は覚醒し、事態の深刻さは共有される可能性をもっている。

2015年の建築学会雑誌に掲載する「生き延びるための家」カタログの背景には、この国で共有された定常化する生活への視座がある。世界で共感を得ることができれば誰でもが書き込める『住まうことから考える、生き延びるための家／ホール・アース・カタログ』がつくれるかもしれない。これもあたりまえのように思うのだが、まずは原発に依存しない社会を構築することが前提だ。

［2015.11］

第

5

部

行方

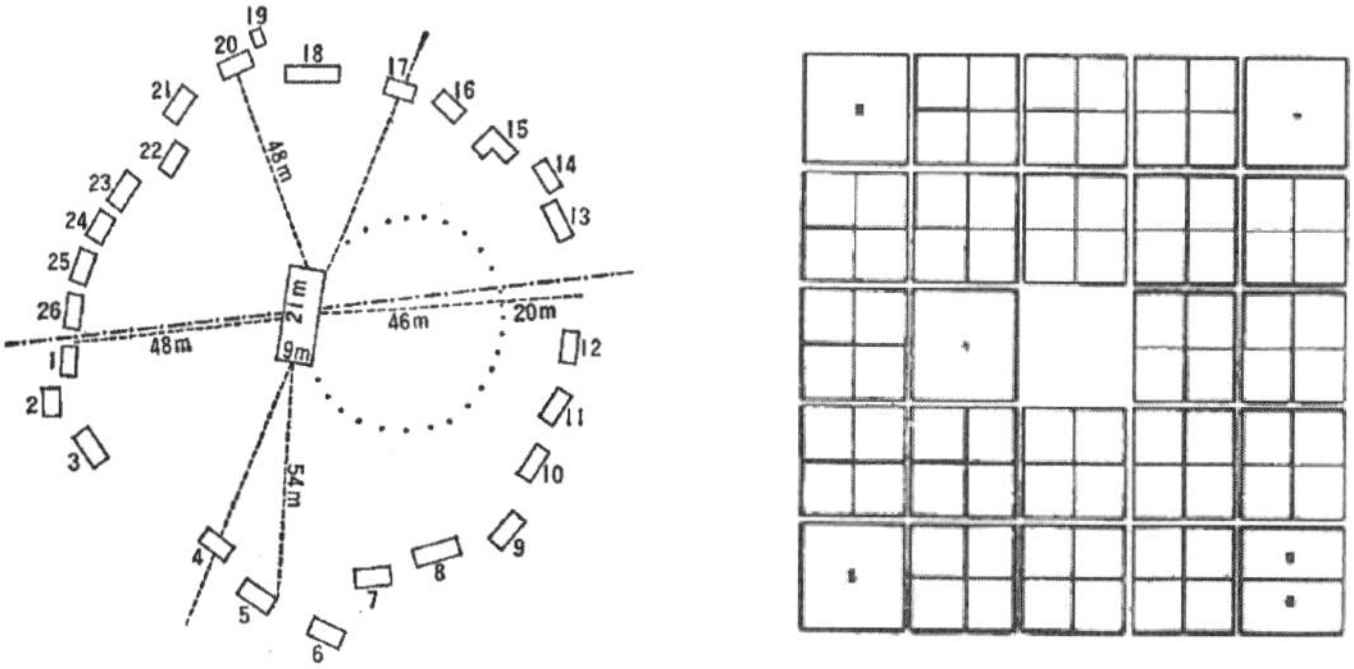

Fig.31：環状集落と植民都市

展覧会評や表彰の選考評などを時折依頼される。展覧会評は私の言説を知る方から、その展示内容との親和性を期待されて依頼されていると思うのだが、批評行為とは展示物の表層のありようから背後にある意図を読み取ることなので、親和性＝周辺の情報を共有しているというだけでは書けない。逆に、選考評は選考委員会を代表して、その選考理由を書いている。委員会のなかでも私が共感した建築作品を書いているので批評とはいえないが、能動的な言説である。

この論考集の最後に、２０１６年3月に行った「近代から解放されて」という横浜国立大学での最終講義に関連する文章を3篇載せることにした。最終講義の草稿中に書いていた文章で、２０１７年に出版された「コモンズの歴史的存在と現代における意味」、その前年にまとめられた「視線の空間人類学」、そして、同年7月に出版された本のあとがき「自由な精神で世界を見るために」である。

最終講義のタイトルは、「ヨーロッパ文明からの解放」を意味している。ヨーロッパ文明のもつ「近代＝モデルネ」という思想は、過去からの切断という運動である。限りない成長と拡大を求める資本主義も「近代」の思想である。それから解放されるとしたらどのような未来世界が描けるのであろうか。ヨーロッパ文明を中心とした建築・都市の思想史から私たちは解放されることはあるのか。そしてヨーロッパ文明が開発した都市という社会構造が必然としてもつ抑圧と制御のシステムはどのようにデザインできるのであろうか。見知らぬ人々の集合でありながら、顔をもった人間として尊重される社会は築けるのか。そして「共感の空間を建築化できるか」と論を結ぶ。

この最終講義の部分となる3篇の論考が、これからの社会への兆しを測定する私の今の切断面だ。

1　自然のダイアグラムとしての建築

グレン・マーカットという建築家の名前を知ったのは、ずいぶん昔、雑誌で紹介されていた小さな写真によってだ。それは《マグニー邸》の紹介で、荒涼とした大自然のなかにぽつんと建っている、詩的に見える写真だった。小さな建築なのだが、何かを語りかけているように感じた。

Fig.32：マグニー邸

紹介文章のなかに、キャンプサイトのテントのような簡便な建築が意図されており、コルゲートパネルは搬送のときの容積が最小で、しかも単位重量に対しての面材としての剛性が高いことが説明されていた。それで、勝手に想像したのだが、おそらく建築資材を積んだトラックで大変な道程を経て建設敷地にたどりつき、職人たちはキャンプをしながら工事をするのだと思った。だから重機は使用せずに人の手で組み立てられるような構造なのだと納得した。雨水を受けようと天空に向かって拡がるルーフと異様に大きなドレインの写真からは、この場所には上下水道はないことがうかがえる。なので、これはインフラのない場所での建物なのだと想像できる。などと、この建物が組み立てられた理屈にとても興味がそそられたのを記憶している。

グレン・マーカットという建築家の存在を知り、その興味引かれる建築の正体を知りたくて作品集を買った。紹介された写真からイメージしたように、厳密な理屈のなかでその建築は組み立てられている。オーストラリアの広大な自然風土のなかで建築を構想するというのは、厳しい与件を背負わされるのだ。紹介されている建築のほとんどが都市部ではないことは重要である。構造の選択、材料工法の選択には、現場までの資材の搬入や施工の方法までが綿密に計画されている。だからこそ、その選択には他のものには置き換えられない強さをもっている。

敷地が都市部でない以上、建築のあり方を決定づけるものは自然環境そのものなのだ。図面を見ていくと、そこで決められた線は、建物を取り巻く太陽や風をはじめとする自然現象すべてに関係していることが読み取れる。ゆえにこの建物それ自体は小さなものなのだが、それを構成している部品は地球や天空の動きと連動しているというダイナミックなイメージをもつことができる。グレン・マーカットは建築を「自然を奏でる楽器」に喩えるが、この建物を介して、人は自然と関係が結べるというような感覚なのかもしれない。それを現代の人間社会で手に入る材料と技術で、必要な箇所に適切に部材が置かれ建築となっている。そこには、つくり方の倫理、または道理がある。気まぐれや個人的な恣意性は見あたらない。この建築には規範が存在する。規範という社会性をもつことで空間は伝達可能な言語となり、読み取り可能な書物となる。さらに言えば、それは建築そのものによって「思索を表示している」。

今回、ギャラリー間の「グレン・マーカット展」で展示されている建築のなかでも、その言語性の最も強いものが、アボリジニのリーダーのための住宅である《マリカ＝アルダートン邸》であろう。それは、ダイアグラムがそのまま建築になっているように見える空間である。ここで私が使うダイアグラムとは、「複雑で混乱した、あるがままの自然のなかから、伝達可能な図式をすくいあげること」を意味しているのだが、この住宅は建築という形式をもって立ち現れる以前の、計画の必然性や自然環境の解釈、そしてそれを建築という物質に還元する方法などが、出来上がった空間からダイアグラムとして読み取れるということなのだ。それは、この住宅がアボリジニのための公共住宅のプロトタイプとして計画されていることを知ることで、さらにダイアグラムとしての言語性をもつことが了解できる。個別解ではなく普遍解としてのダイアグラムなのだ。他のグレン・マーカットの建築もすべて、この《マリカ＝アルダートン邸》ほど直裁ではないが、その空間はいずれも見る者と対話が可能な言語性をもっており、建築という形式をもった書物のように考えられている。時に、このダイアグラムのような空間そのものが自律した言語として、社会のあり方、自然との関係、さらには私たちの世界のあり方までを指し示しているように思えるのだ。

展示を見ていると、グレン・マーカットの建築が示す言語性の背景には、彼の人間存在への信頼感があることがわかる。彼自身の素直な目による自然またはこの世界の読み取りは、誰にでも共感できる事柄なのだという確信が感じられる。そこに、この世界に対する信頼と愛情が感じられた。日本のメディアではあまり紹介されていないのだが、実は日本の多くの建築家によって、彼の建築は読み取られ共感されている。オープニングの盛況と、講演会でのあふれるような人々の集まりをみて、私と同様、この建築が指し示している事柄に同意する人たちがたくさんいることを心強く感じた。建築とは世界のあり方を指し示すダイアグラムなのだ。

［2008.06］

2 都市の誘導モデル《egota house》

《egota house》は2002年に行われた東京建築士会主催コンペの最優秀案である。それが他の入選案とはまったく異なったユニークな解法であったことを鮮明に記憶している。このような高密度な住宅地にある、まとまった敷地をマンション開発する場合、空間利用の最大効率を目指す通常の設計手法では、周囲のグレインとは無関係な巨大なボリュームとなる。ところが坂本案では、周辺の一戸建てと同じようなボリュームで、4棟に分けて分散配置としてあるのだ。とても不思議にみえる配置計画なのだが、詳しく内容を読み取っていくと、とても緻密な検討が行われていることが理解できる。分散配置されるひとつの棟は5戸の住戸の重層長屋として提案されている。これは「一敷地一建物」という建築基準法と「共同住宅の敷地制限」を含む東京都建築安全条例という、日本の社会に置かれたルールに巧みに対応しているのだが、その法的な要求の下、生まれる抽象的な空間形式を、生活という現実を支える有用な

Fig.33：egota house

空間装置に変容させているのだ。

重層長屋であるために各戸のアクセス通路は建物四周をぐるりと取り巻く隙間のように設けられ、住人は互いに出会う。またこの空間形式であるために建物の開口は四方にとられるのだが、この隙間によって住人は周囲の環境から適度な離隔距離が与えられている。このように分散配置されることで、日本の高密度な住宅地がもつ、光や風の抜けるポーラスな集合形式であることを担保しつつ、5戸の合築によって意味ある十分な拡がりをもつ外部空間をつくりだしている。街区のなかのグレインとなるボリュームは、この地区の高さ制限から建物高さは10mとされ、そのなかに半地下をもつ4層の空間構成とし、平面は周囲の一戸建てと同じくらいで10m×10mほどの大きさとしてある。これはエレベーターなどの機械力を設けずに生活ができるスケールであること、またポンプなどを設けずに自然給排水できる設備計画となっている。人間の生活のスケールに対応した建築なのだ。そして、外断熱でカバーされた外壁は四方を環境に対応させて仕様を変えてあり、開口部も環境に対応して自在に設けられている。この自在な操作によって、この建築は断片化する周囲の風景に融け込んでいる。

このように、この10m角のキューブは外在的要因から決められているのだが、この合築によるボリュームに様々な環境への作法が用意され、さらにこのボリュームによって切り取られるヴォイドとの組み合わせに、日本の都市を形成するプロトタイプとなりうる力強さが与えられている。

当初計画されていた集合形式である4棟の分散配置は、公表されてからずいぶん時間を経ているが、未だ一棟だけで先行して建つ状態である。しかし、一棟の建築としても十分に完成度の高い作品であり、周辺環境を誘導する力をもっている。さらに、分散配置の集合形式が実現するときには、東京という都市へのタイポロジー戦略がさらに明確になる。ひとつの建築作品を超えて、都市思想の視点から重要な位置を占める作品なのだ。

［2008.08］

3 小さな風景からの学び

生きられた日常生活に向かう「アーキテクチャー」

大量の写真をぼんやりと一枚ずつ眺めていく。どの写真も日常生活のなかで出合うようなもので、特別な事件性をもっているものではない。あたりまえの風景写真である。展覧会カタログの巻頭文に紹介される一枚の写真「被災地で出合ったベンチのある風景」は、十分に事件性をもち、豊かな物語性を背景にする写真なのだが、その写真は展示列には選ばれない。ここではさらに日常的であたりまえの日本の風景のなかに意識が向けられる。

ギャラリー間で行われている「小さな風景からの学び」を見たとき、1970年の大阪万博の会場で展示されたクリストファー・アレグザンダーの《人間都市（A HUMAN CITY）》を思った。それは200枚近い手書きのポスターを並べたもので、大量の写真、ダイアグラム、テキストが盛り込まれていた。そのポスターはタイトルを手掛かりに写真、ダイアグラム、テキストのサブセットによって言語的メッセージを伝達するというものである。後に『パタン・ランゲージ』（1977／邦訳＝平田翰那訳、鹿島出版会、1984）としてまとめられ、私たちの生活環境そのものをデザインする道具の開発というアイデアの萌芽であった。しかし、「小さな風景からの学び」の展示では、そのような伝達のための作業は行われない。写真は加工されず、その配列だけが意図されている。そこには言語のような明快な構造性は与えられない。この大量の写真を会場で上書きされた風景として眺め、そこにあるかすかなイメージの重なりを受け取る。現象としての風景素材を配列することで、読み取りの補助線を与え、読み手のアタマのなかに構造を浮き上がらせることが意図されているように思える。さて、この展示は何を意味しているのであろうか。

「ここに風景として撮影された対象は多くは私有地にあるものであるが、公道から見える範囲であれば、特段、許可を得ずに撮影している」(『小さな風景からの学び』「あとがき」)と付記されている。この展示風景は、公的領域のランドスケープを対象にしているのではない。それは「公道から見える」「私有地」である。日本の街には公的領域と私的領域の間に「隙間」のような奥行きのある空地が存在する。それは私たちの生活する空間にある大量の余白のような外部空間なのだが、それをジャンバチスタ・ノリが描く白黒の地図では表せないグレーの空間とすれば、西欧の概念であるパブリックとプライベートという二項関係を乗り越える第三項の空間(コモンズ)が見えてくる。これを意識化することに

Fig.34:『小さな風景からの学び』カタログ、TOTO出版、2014、表紙

よって、新しい対象が見えてくる。それは、これまで建築としては扱わなかったもの、または建築に付随する空間であったり土木領域の一部であったりしたものである。そこは「誰のものでもない」、しかし「誰でも参加できる」日常生活に深く関与する空間である。そこを主題として正面から対峙し、作品としての〝建築〟ではない、生きられた日常生活に向かう〝アーキテクチャー〟として、これから私たちが対象とするものであると宣言しているように思えた。その手つかずの領野の拡がりを提示しているのではないか。

ヒューマニズムへの信頼からの読み解き

会場では「気になる風景」の写真のまとまりを眺めながら、付された文字を読み、それに共感できる感受性を確認する、という個人的な楽しみがある。提示されている日常的な風景は私たち日本人にとってはあたりまえに見えるものだが、このような所有の曖昧な空間の風景は、私たちが感じることができる固有の文化コードであるのかもしれない。

同じように風景を扱う、ゴードン・カレンの『都市の景観（Townscape）』（1961／邦訳＝北原理雄訳、鹿島出版会、1975）では、いくつかの風景の写真を例示しながら、建物群によって切り出される外部空間こそが人々が日常で経験する風景であるとして、この外部空間そのものを物的環境として抽出し、言語のように読み書きのできるものとして示していた。それは空間を経験する人間を主体としての関係性のある風景をつくる技法として紹介され、建築の作品主義を批判するものでもある。「小さな風景からの学び」では「サービス」という概念によって風景を分析する。そこで発見されるものは人間の行為によって様々に色づく場所である。ここでは普遍性をもった空間構造を抽出することではなく、場所が生産する人間の行為に注意が向けられていることに気づく。ここでは普遍言語としてのモダニズムを批評し、生きられた場所の想像力を止揚しているのだ。そして、同時にモダニズムの基底にある人間の行為に対する愛情＝ヒューマニズムへの信頼が背景にある。新しい時代の建築（アーキテクチャー）の感性を示している。

［2014.06］

4　自然に近似する人工《豊島美術館》

新しい建築の出現を祝福したい。

建築とは自然環境のなかから人工環境を切り取るものであるが、切り取られた人工環境が新しい自然環境をつくるような不思議な循環を感じさせる建築である。圧倒的な空間だ。ぽかりと口を開けた開口部から大量の大気が流れ込み、内部空間にいながら意識は外部空間に誘われる。しばらくこの内部空間にいると、無造作に切り抜かれたようにみえる開口部から入る光の量や眼の移動によって変化する外部の情報などが適切にコントロールされていることがわかる。薄いシェル構造の大きなワンルームの空間であるが、そのライズが押さえられているので適度にこの薄い躯体からの圧力を感じる。流れるような自由曲面によって構成されるこの空間は、変化していく形の瞬間を固定したように感じられるのだが、この自然現象のような空間はこれまで私たちが経験してきた建築とは明らかに異なる。これまで不定形の建築は必ず幾何学に置換され、解析され、施工されてきた。それは、建築における幾何学というものが人間の意志を表象していたから、建築が幾何学から切り離されることはなかったのだ。この建築はそのようなこれまでの建築とは成り立ちがまったく異なっている。

構想されてから実現されるまで7年間（2004－2010年）という時間から、この建築が世界に出現するまでの困難が推測できる。作者は大きな不安のなかで計画を進めたに違いない。出現した建築は人工的な躯体面を環境に露出させている。それはこの建築が人間の意志が構築した新しい自然であるという主張であるのかもしれない。この《豊島美術館》を訪れると、土に埋めた小さな〈チケットセンター〉に迎えられる。その先に〈カフェ＆ショップ〉が見える。このふたつの建物は破調でヒューマンだ。〈アートスペース〉にはそこから直接アプローチすることは禁じられ、ぐるりと小山を廻って周辺の棚田や瀬戸内海の水面という周囲の環境を吸い込んだ後、この道行のような作法で導かれる。サイトスペシフィックな美術館を企画したクライアント、その空間を構想する建築家、その空間に呼応する作家、その空間を実在させる技術、時空間のなかでそれらが交差する幸運な一点がこの建築を出現させたように思える。

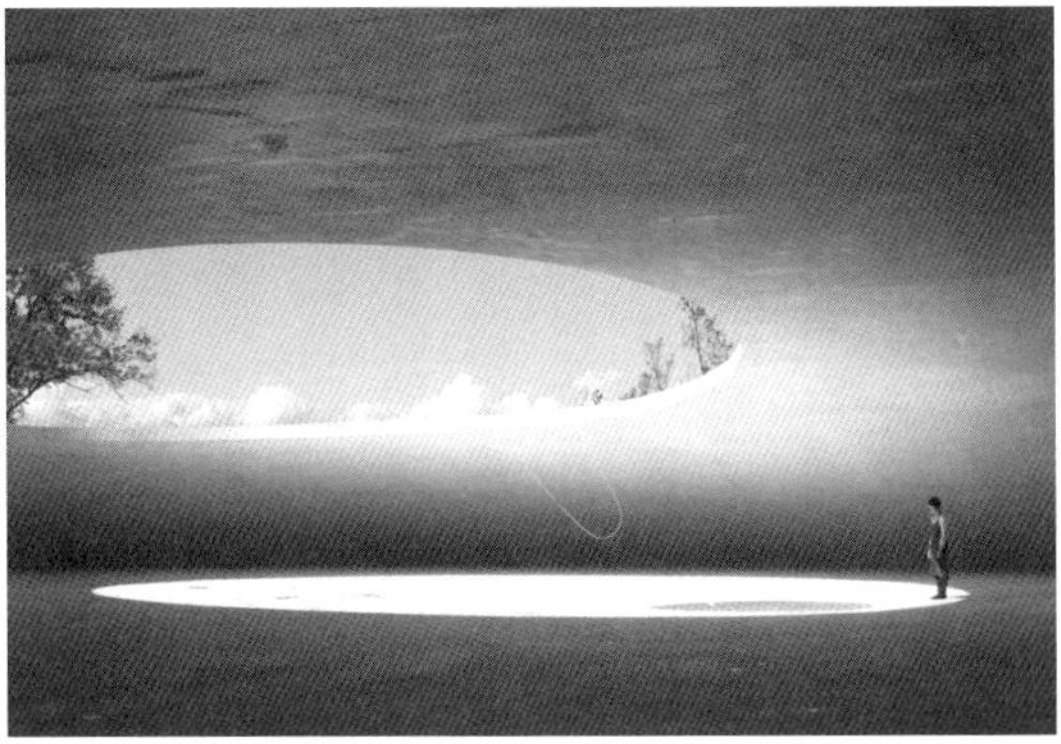

Fig.35：豊島美術館

まさに時代を画する建築がここに登場している。

［2012.08］

5　コモンズの歴史的存在と現代における意味

西欧の勃興

11世紀の地中海貿易の様子が、ゲニーザ文書というカイロ旧市街で発見された大量の契約書、価格表、商人の手紙、帳簿などで明らかにされている。アブナー・グライフの『比較歴史制度分析』は、中世後期（1050年頃から1350年頃まで）における、地中海貿易を分析することによって、ヨーロッパ（ラテン）世界とイスラーム世界における制度発展の比較を行っている。11世紀以前は科学・軍事・美術・工芸において圧倒的に優位にあったイスラーム世界なのだが、この中世後期の期間に経済・政治・社会においてヨーロッパ（ラテン）の商業の進展に反転され、そこから「西欧の勃興」が始まるとされる。遠方との交易が「経済の進歩の原動力となり、後に産業革命が近代世界を決定的に変えたのとまるで同じように、ついには人間の活動のすべての側面に影響を及ぼした」（邦訳書、21頁（Lopez, 1967））と書かれるように、この地中海貿易の拡張期がヨーロッパを中心とする文明の黎明期である。この時期に、地中海沿岸の経済の中心は、イスラーム世界からヨーロッパ（ラテン）へと移るのだ。この『比較歴史制度分析』では、人間の行動様式を分析し、ゲーム理論を用いて社会制度までその分析を展開する。その内容は、自らが直接交易できない遠方での取引を代理人に付託できる交易システムがどのように成立したのかに注目するものなのだが、この人間の関係性をトレースすることでヨーロッパ世界が交易を拡大させ経済活動を中心とした文明を構築できたことを論証している。

そこではヨーロッパ世界がもっていた社会制度が、拡張する経済という当時の交易システムに適合していたことを論証するのである。そのヨーロッパ世界固有の社会制度とは、部族・氏族制のような血縁的社会構造ではなく、利害関係に基づく自治的な非血縁的組織であり、コーポレーション（団体、会社）という形態をとる組織である。そして、「この特有の社会組織（自治的、非血縁的な組織および個人主義）は常に、ヨーロッパ特有の経済・政治発展をもたらす行動や成果の背後に存在し続けてきた。この社会組織は、中世後期の経済拡大、ヨーロッパ科学・技術の興隆、そしてより大きな社会的単位ではなく個人を基本単位とする、自治的・非血縁的法人の究極の発現形態たる近代ヨーロッパ国家の成立など、一見関係のないさまざまな歴史現象の背後にある普遍的な共通点である」（同書、23頁）とされる。この個人に分解された非血縁的組織とは、キリスト教教会が勢力を伸ばすために、4世紀から仕掛けられたもので、11世紀当時は血縁関係に基づく社会組織（氏族や部族等）は弱体化していたとする。この血縁関係を超える、契約に基づく個人の信用関係という社会制度が広域の交易を支えたのである。

水野和夫の『資本主義の終焉と歴史の危機』によると、資本主義の始まりは12－13世紀のフィレンツェに資本家が登場し「利子」が容認されたときとされるが、この『比較歴史制度分析』によると、ヨーロッパ世界にあった社会制度がこの経済活動を支えるのに効率的であり、さらに地中海貿易で得た巨大な資本の再生産を行うメカニズムができていたようである。いずれにせよ、12世紀の北イタリアにおける地中海貿易で構築した経済システムが資本主義の萌芽であり、「西欧の勃興」を支えていた。そのヨーロッパ文明を生み出したのはキリスト教教会によってつくりだされた社会組織（自治的、非血縁的な組織および個人主義）である。この「個人主義的」社会では、異なる集団に属する取引が行われ、その属する集団も容易に変更される開かれた社会である。その社会的関係は成文化された契約によって守られるものである。

イスラームの社会集団とワクフ

それに対し、イスラーム世界は「集団主義的」社会である。人々はイスラームの宗教的、民族的、血縁的集団の世界で生活しており、社会的関係は範例・慣習によって制度化され、関係はその社会集団のなかで閉じている。血縁的集団という閉じた社会は地域との関係が強いため交易の急激な地理的拡張には対応しない。そのため中世後期の地中海貿易においてイスラーム世界は停滞するのであるが、考え方によっては、ヨーロッパ世界が資本主義という制度を整え、経済の拡張拡大とともに無限に展開する空間を目指したのに対して、イスラーム世界はむしろ閉じた血縁的集団の泡の連鎖のような定常型社会を選択したのではないかと思う。

イスラーム世界にはイスラーム法で規定されるワクフ制度という興味深い宗教的寄進制度がある。このワクフという語の原義はアラビア語で「停滞すること」「凍結すること」を意味するそうなので、停滞する「定常型社会」を支える社会制度として設けられているようにもみえる。このワクフ制度はイスラーム世界において8世紀末から9世紀に地域共同体の中心となる宗教施設の寄進から始まるのであるが、相続時に世襲財産の細分化を防ぐ手段にもなっている。キリスト教教会では血縁的社会組織を弱体化させるために遺産の寄付を奨励したが、イスラーム法におけるワクフ制度では寄進した財産の運用や管理の条件を寄進者が設定できることで、形を変えて特定の子孫に財産を相続させるという仕組みが存在する。自発的喜捨を促し、それが社会を持続させる仕組みとなる制度設計があるのだ。11世紀頃からは不動産の寄進によって、寄宿制の学校や救貧院という貧困者や旅人、巡礼者の簡易宿泊施設など、公共、慈善、宗教的な使途の施設が設けられる。その不動産の寄進制度がワクフ制度という都市のなかに所有権の永久停止された空間を設けるというものである。寄進される空間なのでその空間は神が所有する空間となるのだが、その実態は誰のものでもないが基本的に誰でもが使える空間となっている。いわばコモンズである。

私たちの生きる現代の資本主義社会では「高度に自由な経済活動と完全な土地私有制度であることが必須の条件」とする市場経済制度のなかにあるが、イスラーム法では土地所有の枠組みを

「国有地」「私有地」「荒廃地」そして「ワクフ」の四つに区分されるそうである。ワクフは誰の所有でもなく神に寄進された不動産なのだが、それは宗教施設だけではなく学校や救貧院などであり、それは特定の誰かの利益を得るためではなく、社会を支えるインフラのような役割をするものなのかもしれない。とすると、このワクフという制度は経済活動のためにあるのではない。

この中世期のイスラーム世界とヨーロッパ世界は、産業革命以後の19世紀の西ヨーロッパの都市のなかで見出された、ゲマインシャフトとゲゼルシャフトという社会集団の分析に通じるものがある。

ゲゼルシャフトという近代化社会

ゲマインシャフトは地縁・血縁などの自然に人々が結びつけられる共同社会であり、ゲゼルシャフトは経済活動などで機能的に関係づけられた社会集団であるとされる。近代化とはこの地縁・血縁的な共同体であるゲマインシャフトから離れて、合理的な経済活動を行うゲゼルシャフトに移行することであるとする。ドイツの社会学者、F・テンニースによるこのゲマインシャフトとゲゼルシャフトという社会集団の概念比較は、産業革命後のヨーロッパ社会で顕在化していた地縁や血縁による共同体を形成する農村型社会と、商業や工場などの経済活動に対応する共同体を形成する都市型社会との社会様態を比較する記述である。それは社会進化論ではなく、19世紀半ばに始まるとする、近代化の進行のなかでふたつの異なる社会集団の分節が明確になっていることを事後的に分析するものであるようにみえる。実際この時期の西ヨーロッパの都市は工場が集積し、その工場で働く都市労働者が農村から大量に都市に流入した。新しい都市住民は血縁的・地縁的社会集団から切り離された人々である。近代化の進行のなかでゲゼルシャフト的社会集団は拡大する。ゲマインシャフトは人々が結びつく集団主義を原理とし、ゲゼルシャフトは人々を切り離す個人主義を原理としている。

このゲマインシャフトとゲゼルシャフトの社会集団の記述は、12世紀の地中海世界を分析する『比較歴史制度分析』にあるイスラーム世界とヨーロッパ世界の対比にも対応している。ゲゼルシャフトという社会集団の顕在化を近代とするならば、その近代化は12世紀の地中海世界（北イタリア）ですでに始まっている。資本主義経済を支える遠隔地の交易を可能とする社会制度は、ゲゼルシャフト的社会集団でなければ対応できない。この経済活動に対応する社会は、キリスト教教会が進める個人主義社会を基盤とした合理的な経済活動を行うものである。この人間の行動様式が規定するヨーロッパ世界の文明は、拡張拡大を欲する資本主義という経済システムに適合し世界を覇権する。その社会システムが「近代」である。

J・ハーバーマスは「近代——未完のプロジェクト」（同名の論集〔1990〕に収録）のなかで、近代化のアポリア（解けない難題）として、「社会の近代化が、経済成長や国家による組織的活動のもつ強制力に促されて、自然に生い育った生活様式の生態系に闖入して来ることへの、つまり、歴史的な生活世界のもつ対話的な内部構造を侵食することへの反発」と書く。このアポリアがあるために、ポストモダンまたはプレモダンへの憧憬が生まれるとしている。1980年に書かれたこの小論は当時の近代批判に対応するもので、「近代（モデルネ）の文化と日常の生活実践とを各側面において精密に再接続することがうまくいくためには、社会の近代化をもこれまでとは異なった、非資本主義的な方向へ導くことが必要であり、また、生活世界がそれ自身の中から経済的および行政的行為システムの自己運動を制限しうる諸制度を生み出し得ねばならない」（同論集邦訳書、39-40頁）とする。そこでは近代の概念において、資本主義という経済活動と生活世界の切断を示唆している。

マーケットとコモンズ

原始共同社会では人間の活動は自然の循環システムに完全に組み込まれており、自然の保護を受けることによって生存を可能にしていた。そこでは自然環境とは共生するものなので所有という概念は存在しない。日本では共同で管理する自然資源は所有するものではない「入会《いりあい》」というコモンズに近似する概念があり、林野、漁業、水利など、山野河海すべてにみられた。明治になって近代的所有権制度が導入され「入会」は共有名義となり存続されるのであるが、共有という私有を認めたため、入会地全体がもっていた有機的機能は失われたとされる。

先述したように、中世後期のヨーロッパ世界で市場経済制度という透明性の高い社会システムがつくられる。この市場経済制度とは交換のシステムであるから、それを効率よく作動させるためには経済活動の対象となるものの所有を明らかにする必要がある。そして、自然環境や都市空間も私有されるものとなる。近代という文明はこの時期のヨーロッパ世界に始まるものとみることができるのだが、それは資本主義の始まりでもあり、それは共有地（資産）＝コモンズの解体の始まりでもある。

資本主義社会では不動産の私有制を進行させ、都市空間を市場経済制度に委ねようとする。「市民革命を経て徐々に形成されていった市民的自由に関する政治思想がある。19世紀後半に支配的であったこの考え方は、居住・職業選択の自由、思想・信仰の自由などが、市民の基本的権利を構成するという考え方である。（……）市場経済制度は、このような市民的自由の享受がもっとも効率的なかたちで実現できる制度である」（宇沢弘文・茂木愛一郎編『社会的共通資本』）。その市場経済制度の進展の過程で共有地というコモンズは消去されてきた。

「コモンズの悲劇」というG・ハーディンの有名な論文がある。それはイギリス中世期にあったコモンズという共有牧草地が、過剰な放牧がされるために枯渇してしまうという、共有という概念の運用の不可能性を示している。資源の私有化と市場機構の効率性を論証するものである。この「コモンズの悲劇」に対しては反論もあるようであるが、資本主義社会において、歴史的に存在していた数多くのコモンズが近代化の過程のなかで消滅している。

大航海時代を経て近代というヨーロッパ文明は世界に拡がり、植民地という空間の占有が行われる。そして、産業革命以降は生産の産業化によって、資本主義という効率化を求める組織制度がきわめて速いペースで進展する。自由な市場経済の社会では資本家による富の独占が進み、労働者の失業・貧困という生活環境の悪化が顕在化する。この社会矛盾に直面して生産手段を共有するという思想が、共産主義という資本主義に対抗する社会制度である。20世紀はこの共産主義と資本主義の抗争の世紀である。中世後期、地中海世界に始まったマーケットとコモンズの抗争が、さらに世界規模に拡張したものであるように思える。そして1991年のソビエト連邦崩壊以降、世界は資本主義の独占する社会となる。

しかし2008年の市場経済のクラッシュを受けて、現在は行き過ぎた金融資本主義による社会矛盾がさらに深刻な問題として表出している。現代のイスラーム世界からの近代文明に対するテロ行為は、宗教対立によるものというよりは、このマーケットとコモンズの抗争という文明対立であるとみることもできるのかもしれない。さらにそれは、ネグリ＝ハートによるマルチチュードという世界の階層分化まで言及できるものなのかもしれない。

コモンズの可能性

イスラーム世界のワクフ制度は、所有を排除する、または誰のものでもないが誰もが使える施設である。共有ではないが、また同時に私有でもない。制度としてコモンズをつくりだそうとする、所有の概念を超えるものであったように思える。しかしこのコモンズの存在は市場経済制度の枠組みからはずれているものなので、経済活動を拡張するものではない。というよりは生活を支えるための制度なのである。そこに経済を至上とする社会を求めるのか、生活を中心とする社会を求めるのかという命題が存在しているように思える。宇沢弘文は『社会的共通資本』のなかで、それを「自由権」から「生存権」、さらに「生活権」の政治思想として、現代社会への対応を紹介している。

20世紀は西欧世界が覇権した文明の枠組みのなかに世界が存在し、この四半世紀は資本主義の独裁のなかにある。その社会のなかでコモンズは解体され、人々は切り裂かれ孤立してきた。しかし、2008年の資本主義のクラッシュを経て、社会は覚醒したのではないかと思う。とくに日本では2011年に東日本大震災という災害を受け、福島では20世紀に私たちが信じた科学技術に対する不信感と文明に対する喪失感を経験した。そして、何よりもこの時期から日本では総人口がピークを打ち縮減する社会を実感する。社会のありようが変化することを自覚したのだ。建築家自身にもその自らの職能に疑問をもち、新しい定義を与えようとする意識が生まれている。利益活動ではない無償のボランティアを展開したアーキエイドという無名性の建築家たちの活動や《みんなの家（Home for All）》というコモンズに対応する建築概念を展開した著名建築家たちの活動に時代の乗り越えを感じた。

そして今、日本の社会に登場している状況には、これまでの感覚では建築とは言えない、隙間産業のような建築家たちの活動がある。それは、決められた敷地のなかに建築という作品を建てるという行為を超えていくもので、これまでの社会のなかで制度化された建築が依拠するものではない。この新しい建築には、所有された敷地を超えていく概念がある。たとえば、「パブリック」と「プライベート」とは位相の異なる「コモンズ」にこそ、重要な建築の主題があるのかもしれないと思わせる。それは都市のなかに取り残された余白のような場であり、所有の曖昧な共有地であるコモンズである。そのような所有を超えた〈間をつなぐ空間〉に重要性を感じる人々の登場がある。実はこの〈間〉をつなぐ領域こそが21世紀の主戦場であるのかもしれない。そこに介入する「新しく登場する人々」は、関係性の構築を求め、風景は連続されるものとなるのだ。

この新しい人々の登場が新しい建築を支えるのであろう。新しい時代を告げる「新しい人々」の登場によって新しい建築が生まれる。その新しい時代に敏感な感受性をもつ者だけがこの「新しい人々」に接続できるのである。この新しい建築は、経済活動や政治権力がコントロールする建築ではなく、小さな資本や民主的な活動から生まれるのだ。

パブリックセクターの制度不全から生まれるコモンズの空間は制度化されたものではないため未だ不安定である。生活を支えるインフラのような建築の登場が、定常型社会の運営には必要であるのだが、その現れ方はまだみえていない。その建築は社会のマネージメントとともなって存在しているので、明確な物質的形態を付随しているわけではないのかもしれない。しばらくは多様な表出をするのであろう。しかし、確実にそれは21世紀の建築の主題となる。それは、所有を棚上げされた空間の制度設計によって生まれるのだ。

［2017.04］

参考文献

● トマス・アトゥツェルト／ヨスト・ミュラー編『新世界秩序批判――帝国とマルチチュードをめぐる対話』（島村賢一訳、以文社、2005年［原書＝2003年］）
● 宇沢弘文、茂木愛一郎『社会的共通資本――コモンズと都市』（東京大学出版、1994年）
● 北山恒『都市のエージェントはだれなのか』（TOTO出版、2015年）
● アブナー・グライフ『比較歴史制度分析』（神取道宏、岡崎哲二監訳、NTT出版、2009年［原書＝2006年］）
● ユルゲン・ハーバーマス『近代――未完のプロジェクト』（三島憲一訳、岩波書店、2000年［原書＝1990年］）
● 水野和夫『資本主義の終焉と歴史の危機』（集英社新書、2014年）
● 守田正志「ワクフ文書およびワクフ調査台帳にみる15世紀中期から16世紀末期のイスタンブルの都市構造とワクフの実態」博士論文、東京工業大、2008年

6 視線の空間人類学

視線の交差

建築とは人間の関係性をデザインするものであるとするならば、それは視線をデザインすることでもある。人と人との関係性を構造化するうえで視線の役割は大きい。人は目と目が合うとき、敵意がないことを示すために挨拶をする。一度挨拶をした人は互いに認識され、その関係は持続される。互いに認識しあった人たちのネットワークがネイバーフッズという親密な集合を形づくる。視線の交差が互いの気配を感じ、他者への気配りを要請するのだ。

この互いに挨拶する親密な人間集団の様態はどのようなものなのか。複雑な情報の塊である人を個別に個体識別できるサイズは150人ほどである、という人類学者ロビン・ダンバーの研究がある。顔見知り同士、相手の様々な情報を記憶できる範囲の数しか仲間になれない。原始共同体の規模はほぼこのサイズまでなのだそうである。レヴィ＝ストロースの『悲しき熱帯』（1955／邦訳＝上下巻、川田順造訳、中央公論新社、1977）のなかにアマゾン上流のボロロ族の記述（第6部）があるが、そのサイズは150人ほどと記される。そこでは集落のすべての成員が記名され、それぞれ役割が与えられることが観察されている。顔見知りの関係だけで閉じた集団は、その成員の全員に複雑な階位と役が与えられており、日常生活にはシナリオのように行動規範が決められている。この社会集団の成員の関係は不平等であるが安定し、停滞した社会をつくっている。それに対して、この150人という集団サイズの限界を超えるとき、人々は見知らぬ人間との関係をとる必要が生まれ、「都市」という社会に移行する。見知らぬ人の集合では、個体の固有性は認識されない。そのため、人々の関係は平等で均質である。都市のなかで平等という概念が生まれるのは、見知らぬ人の集合のなかで、人は固有性を剥奪された生体的存在でしかないからである。

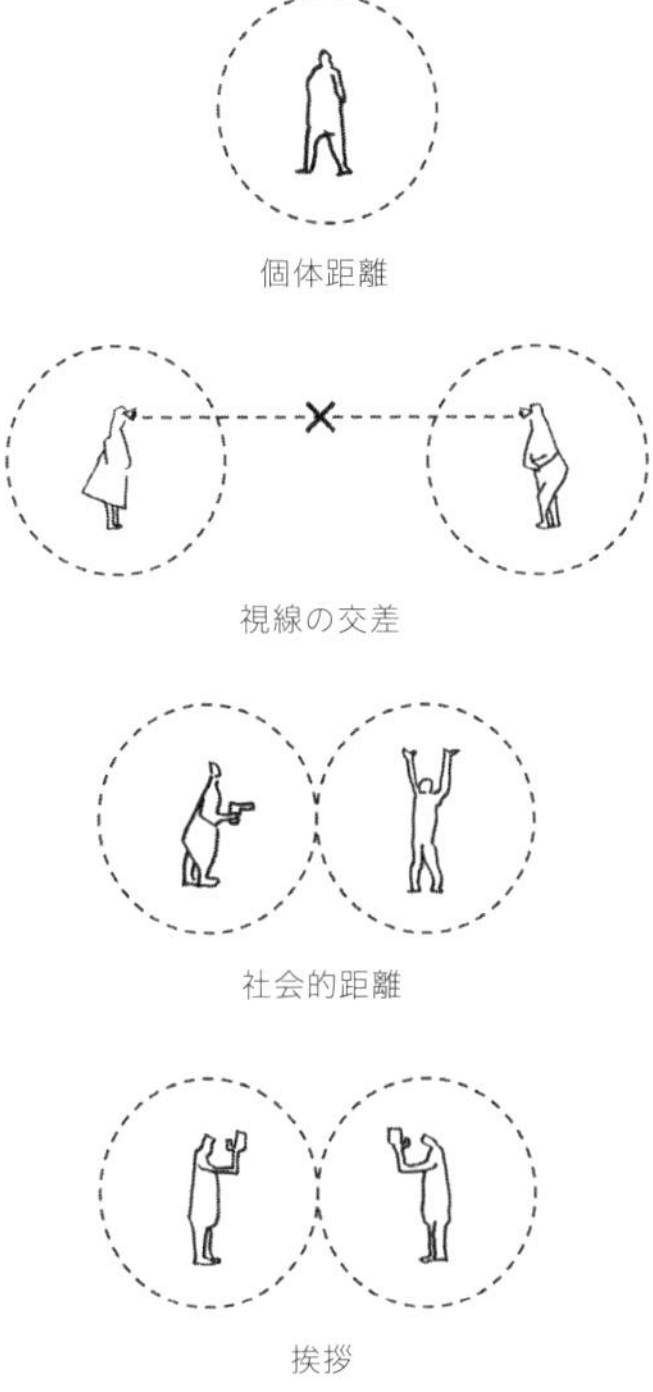

Fig.36：プロクセミックス

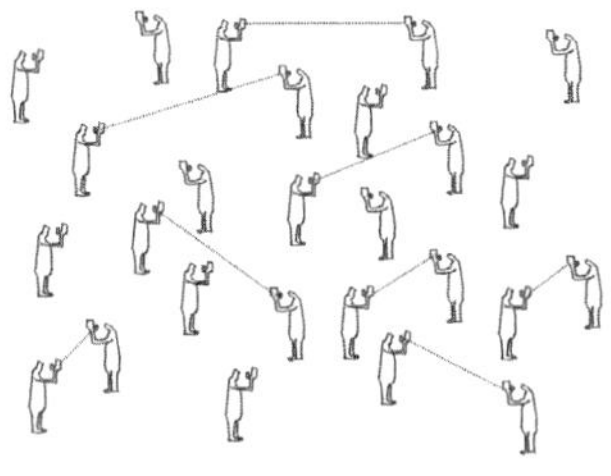

Fig.37：neighborhoods：目を合わせ挨拶する関係

コモンズ

顔見知りの集団である共同体では、土地や自然などの環境資源は共有されるのだが、それはコモンズという概念で知られている。コモンズという「社会的共通資本」はそれを利用する人々が互いに気遣い配慮することで維持されている。この顔見知りの集合の規模は自ずと限界があり、コモンズはこの顔見知りの関係のなかに存在するものなのである。それは逆にコモンズという実態によって人々は共同体を実在として経験していたとも言える。宇沢弘文の『社会的共通資本——コモンズと都市』（茂木愛一郎と共著、東京大学出版、1994）のなかに「近代合理主義的な政治哲学にもとづく近代国家の形成にともなって、長い歴史的な過程を経て発展を遂げてきた入会制をはじめとする、自然環境の管理・維持にかんする優れた制度は、法制的、社会的、あるいは経済的な観点から、前近代的、非効率的なものとして排除されていった」（同書、2頁）と書かれる。社会共通資本（コモンズ）はこの顔見知りの共同体（ネイバーフッズ）を支える基盤構造（インフラ）であった。人々の交通が活発になりネイバーフッズという閉じた社会が解体され、見知らぬ人が登場する社会に移行するなかでコモンズの存在が困難になるのだ。

見知らぬ人間との関係は、たとえば交易を行う市場という空間によって始まる。異なる集団が出会い、交流し、交換価値を互いに認める場である。市場では交換するものの所有が明確にされる必要があるため、共有資産（コモンズ）という概念は適応しない。交換のためには互いが承認できる共通のルールが必要であり、ルールが作動する社会制度が要求される。そして、集団サイズの拡張により見知らぬ者が登場することで、異なる集団との軋轢や衝突、犯罪が発生する。市場という見知らぬ者が交流する空間は監視が必要なのだ。見知らぬものが自由に行きかう都市空間のなかは、この市場の空間が延伸するようにパブリックという空間が設定され、このパブリックという都市空間を監視する社会制度が用意される。

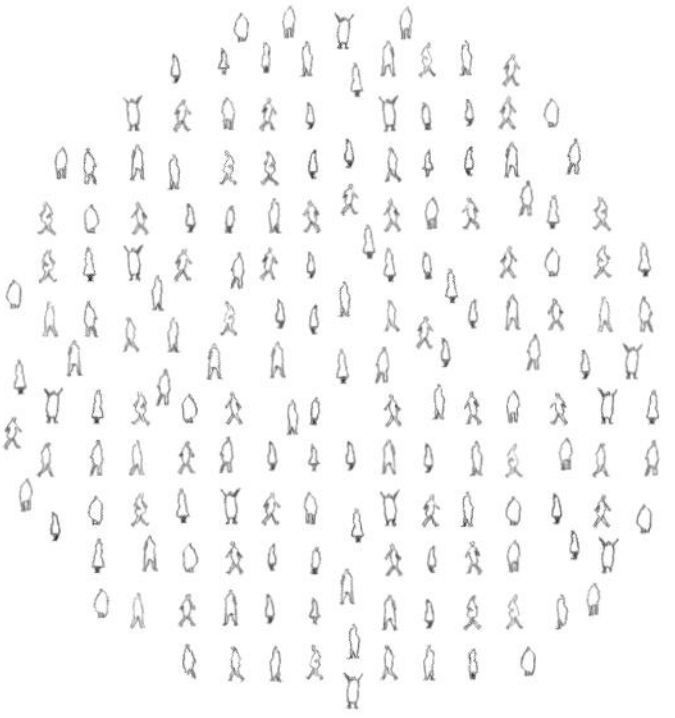

neighborhoodsはスケールの限界がある

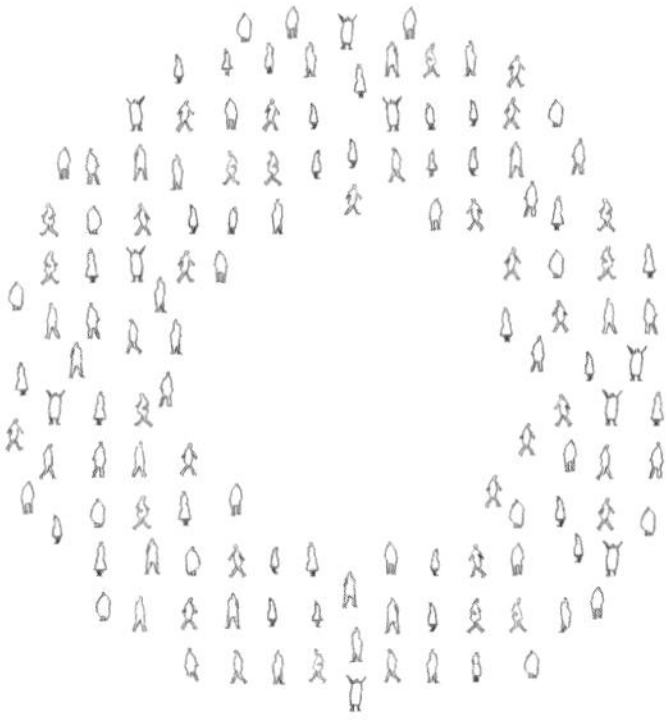

neighborhoodsはcommonsを監理する

Fig.38: コミュニティスケールとコモンズ

視線の管理

監視は都市という空間を作動させるために必要な要件なのだが、この監視された都市空間の群衆のなかで個人は孤立する。ハンナ・アーレントは他者からの視線を奪われている、他者から無視されている孤立の状態をプライベートであると表現している。

> 都市国家の法とは、まったく文字通り壁のことであって、それなしには、単に家屋の集塊にすぎない町（asty）はありえたとしても、政治的共同体である都市はありえなかったであろう。（『人間の条件』ちくま学芸文庫、1994、93頁。強調は引用者）

都市社会のなかでパブリック空間とプライベート空間をどのように調停するのか、それが建築の主題なのだ。「固い壁を立てて視線の通らない恒常的な分断をするのか、視線の位置を示す開口部をつくるのかによって、空間の関係性は異なる。さらにその開口部の大きさや位置によって、それが見るためなのかあるいは見せるためのものなのか、意味は異なってくる。見る者の姿を消すことはそこに権力が生まれ、見られる者が定常化することで抑圧の構造が生まれる」（「厚みのある境界」本書90頁）。ミッシェル・フーコーは『監獄の誕生』（1975／邦訳＝田村俶訳、新潮社、1977）のなかで、「パノプティコン」という空間形式を紹介している。日本語では「一望監視システム」と訳される。放射状に配置される監獄を一点から監視できるシステムなのだが、収容されている者同士は互いに見えない。監視者からの視線を受けることが管理の原理である。さらに監視者が不在でも、視線を受ける空間構造そのものが管理というシステムを内在する。人間が見られ、見るという関係をつくる視線の存在を印象づける言説である。

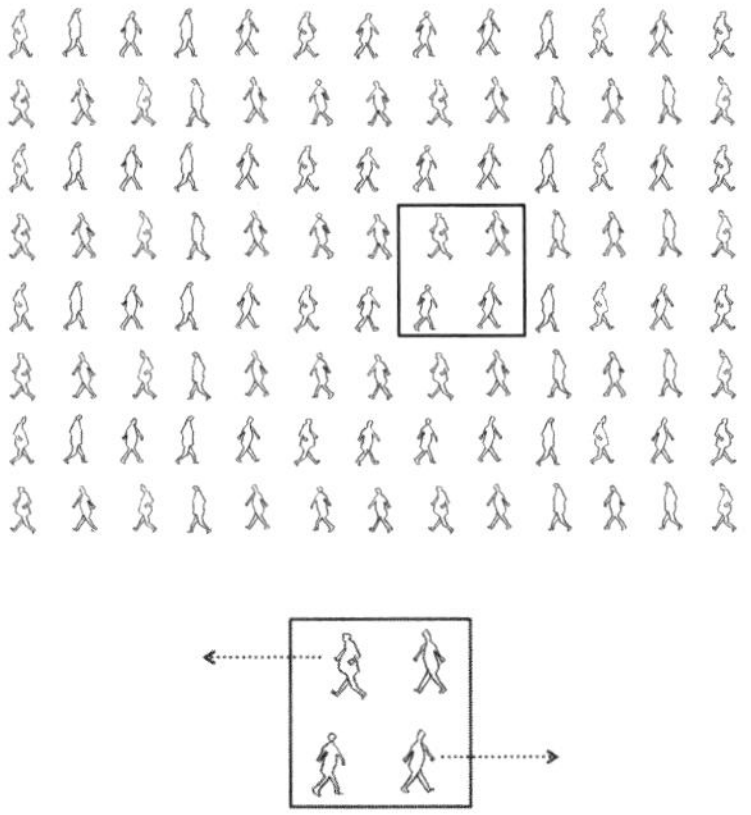

Fig.39：自由な現れの空間が公共空間である

Fig.40：プライベートとは他者の視線を奪われている状態である

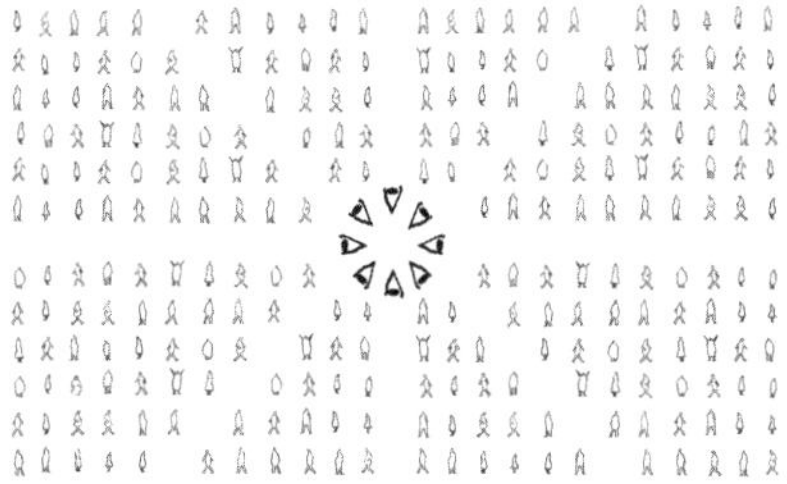

Fig.41：都市は監視が要求される＝(宗教)パノプティコン

窓の様態

「伝統的な日本の生活空間では、相互の空間の関係性をつくる〈間〉は、壁ではなく、厚みをもった〈縁側〉や〈玄関〉〈次の間〉といった空間によって調停されている。そこに〈障子〉や〈連子〉〈襖〉など可動する壁のような引き戸が設けられることで関係性を調整していた。それは視線を制御できる厚みのある空気のクッションのような空間装置である。この〈縁側〉のような「間：in-between」を設けることによって、見ることと見られることを複雑にコントロールする可能性が生まれている」（「厚みのある境界」本書90頁）。現代の都市空間では恒常的に視線の通る透明なガラスの壁にする場合は、ブラインドなどの二次的な視線制御の装置の使い方によって、その関係性はコントロールされるのだが、それはプライバシーを守る、または環境を制御するという外形的機能に対応する壁または窓である。

それだけではなく、新しい「間：in-between の空間装置」を開発することで、監視の構造を反転し、見知らぬ人々が集合するなかで失われたネイバーフッズを再生できないであろうか。区分所有が進行した資本主義社会のなかでコモンズという実態の存在は困難であるが、共有するという感覚は創造できないであろうか。視線を誘導することによって人間関係を調停し、そこに「コモニング」という感覚をつくりだし、共同体への参加の動機づけを促すことはできないであろうか。

［2016.06］

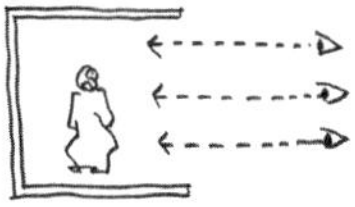

1. 視線に晒され監視される

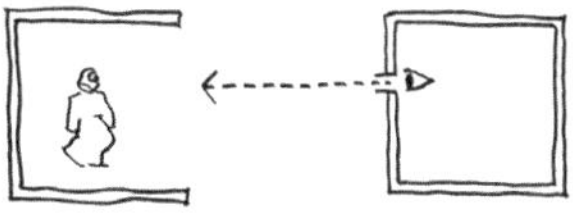

2. 見る側が姿を消すと権力となる

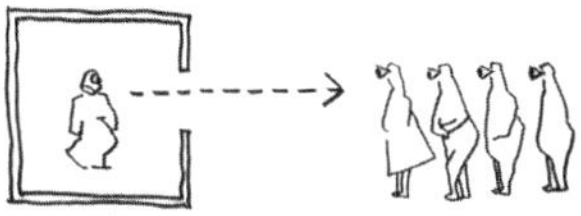

3. 窓は見せるという能動的道具になる

4. 可動のスクリーンによって主権は移動する

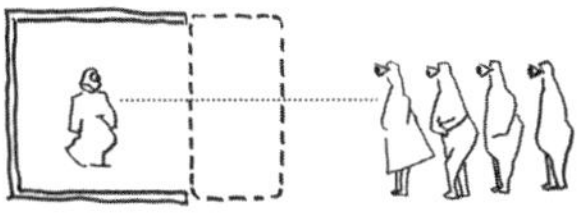

5. in-between（緩衝空間）によって関係性は調停される

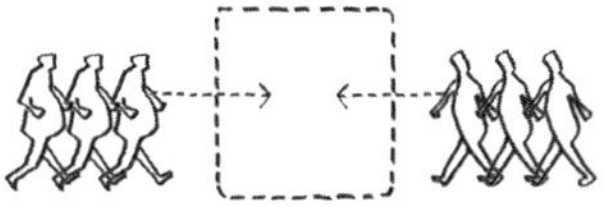

6. 新しいコモニング

Fig.42：in-betweenの空間装置

7　自由な精神で世界を見るために

建築家教育のユートピア

Y－GSAという建築家教育の組織は、スタジオ教育という場でひとりの建築家から少人数の学生への濃密な伝授教育が行われる。それは学生の脳に直接コネクターを差し込んで思考の回路の組み換えるような緊張感のある教育である。このスタジオ教育を中心としながら多重な刺激を与える教育プログラムが学生たちを包囲するのだが、そのひとつが「建築・都市学」という公開のオムニバス・レクチャーである。年間のテーマを決め、多様なジャンルの講演者を招聘する企画を立てるのだが、そのテーマ設定と講演者の人選は議論を重ね慎重に選定されている。というのも、Y－GSAという教育組織がどのような考えをもって建築を教育しようとしているのかを示す、重要なプレゼンテーションだと考えているからである。学生たちはここでセレクションされたテーマを、これから学ぶべき方向を示す教員からのメッセージであると受けとめる。と同時に、それはY－GSAの教育思想を外部に提示することにもなる。4人の異なる建築家が眺める世界の重なりのなかに、現代社会に表出している問題群をすくいあげ、このオムニバス・レクチャーが組み立てられる。そこで、学生たちは4人の建築家たちの脳のなかを眺めることにもなる。このように、教育内容を開示する姿勢は大学の教育が公共空間のなかにあるということを示している。建築が社会的存在であるからこそ、その建築教育は教員の私的空間に留まることはない。このようにスタジオという極度の私性と、このオムニバス・レクチャーという開かれた公性を行き来することが、Y－GSAの建築家教育の醍醐味である。

ヨーロッパ文明というパラダイム

2015年度のレクチャーテーマは、「20世紀の思想から考える」とした。ずいぶん大上段なタイトルであるが、そのテーマで、アンリ・ルフェーヴル、コーリン・ロウ、ケネス・フランプトン、アルド・ロッシ、クリストファー・アレグザンダー、レム・コールハースの6名の思想を取り上げてオムニバス・レクチャーを構成しているのだが、この6名のなかで、最も年長のルフェーヴルであっても主要な著作活動は第二次世界大戦後であり、ほかの5名もその活動は20世紀後半に展開されているので、「20世紀の思想から考える」ではなく「20世紀後半」とするべきかもしれない。もしそうであるならば、ロバート・ヴェンチューリやレイナー・バンハムそしてマンフレッド・タフーリなど、はずせない建築思想の存在に気づく。さらに、ルフェーヴルは建築思想ではなく社会思想に属する。であるならば、社会思想にかかわる重要な人物の存在も思い浮かぶ。もちろん、このオムニバス・レクチャーで取り上げられた6名が20世紀の建築思想を代表しているわけではない。20世紀の思想とするならば、本来は20世紀前半のほうが豊穣である。思想史から言えばヘーゲルの弁証法やマルクスの唯物史観から始まるのだが、20世紀の建築思想に関係してくるのはソシュールの言語学やレヴィ＝ストロースの構造主義だ。フッサールやメルロ＝ポンティの現象学も建築とは強い関係をもっている。さらには、マルティン・ハイデッガーやハンナ・アーレントも言及しなければならない。20世紀初頭ヨーロッパで始まるモダニズムという建築運動は、その当時のヨーロッパ社会状況のなかから浮上しており、その背後にはヨーロッパ思想の強い影響があるのだ。

21世紀初頭の現代に建築を学ぶ者は、20世紀初頭に西ヨーロッパで始まったモダニズムという建築運動から逃れることはできない。このモダン＝近代という概念そのものがヨーロッパ文明の思想の根源にかかわるため、ルネッサンス、または18世紀の市民革命、19世紀の産業革命と都市化、19世紀中葉にある「文学的モデルネ」など多様な知識が要求される。そして、それはキリスト教という宗教を背景として、北アメリカと一体となった欧米という文明圏を形成しているのだ。

Fig.43:『20世紀の思想から考える、これからの都市と建築』彰国社、2016、表紙

たとえば、近代建築を定義づけたジークフリート・ギーディオンの『空間・時間・建築』（1941）の記述はルネッサンスから始まるのであるが、時系列に沿った記述のなかで、近代建築の歴史はヨーロッパという地域に留まり、第二ミレニアム後半のヨーロッパ建築史のなかに編み込まれている。この書物は建築と都市を素材としたヨーロッパ文明に外形を与える歴史書であることがわかる。そのためか、戦後に出された追補版には、丹下健三と槇文彦の記述が追記されているが、1941年の初版には当然のようにヨーロッパ外である日本に関する記述はない。

1980年に出版されたケネス・フランプトンの『現代建築史』は、この大著『空間・時間・建築』を上書きするような近代建築の全容を俯瞰する歴史書である。フランプトンが主張する批判的地域主義につなぐストーリーが背景にあるので、ギーディオンと同じように時系列で記述しながらも、多様な建築の表出をヨーロッパ大陸とアングロ・アメリカのなかで共時的に描いてみせる。イギリス出身の歴史家でもあるので18世紀半ばの産業革命から始めるところに、ギーディオンのヨーロッパ大陸の歴史観との差異がみえて興味深い。この欧米を中心とした近代建築運動の記述のなかで、その傍流として、アントニン・レイモンドやル・コルビュジエに学んだ日本人建築家たちが紹介され、丹下健三もその流れのなかに位置づけられている。「批判的地域主義」を標榜する書物でありながら、日本という周辺地域での建築は、大きな物語である欧米の歴史のなかに組み込まれた新参であることを示しているようにみえる。

ここに近代建築史という概念はすぐれてヨーロッパという地域を中心に書かれた歴史であるこ

とに気づく。20世紀という時代は、ヨーロッパ文明というパラダイムに覇権された世紀なのだ。だから「20世紀の思想から考える」とき、私たちは欧米の思想を学ぶしかない。私自身、建築を学び始めた1970年から始まる20歳代は、欧米の書物を読むこと、その知識を身につけることをひたすら行っていた。ユーロセントリズムを厳しく批評する構造主義を、そのヨーロッパからはるか周縁にある日本の学生が懸命に理解しようと学ぶ。さらに、その構造主義を乗り越えるポスト構造主義をめぐって議論をする。モダニズムの自己解体であるポストモダニズムは、ひとつには、アングロ＝アメリカにおける市場主義経済に対応させる建築の動向であり、さらに、ヨーロッパ大陸では文化コンテクストを取り込んだ地域的愛着を獲得する建築運動である。しかし、日本ではその外形だけが取り入れられ商業的ファッションとなる。その日本でのポストモダンが滑稽に見えた1991年（ベルリンの壁崩壊の2年後、そして日本のバブル経済崩壊の時）、そのときに、ヨーロッパ文明を相対化することに覚醒したのかもしれない。

しかし、そのヨーロッパの思想群の塊を理解することで、近代の問題群をマッピングすることができ、さらに、その欧米を含む思想を相対化することで、その問題群に対する現代の解答群が発見できる。このヨーロッパ文明からも解放され、自由な精神で世界を見ること。私の考える建築思想のエッジはここにある。

［2016.09］

参考文献

- ジークフリード・ギーディオン『空間・時間・建築』太田實訳、丸善出版、2009年（原書＝1941年）
- ケネス・フランプトン『現代建築史』中村敏男訳、青土社、2003年（原書＝1980年）

あとがき

私が初めて建築の専門誌に文章を書いたのは20代終わりだ。1000字程度の文章を書くのに、1週間ほどかけて原稿用紙に手書きで書いた。活字になる文章を書くということは公に晒されるという緊張感があって、何度も何度も書きなおし、推敲した。そのため今、当時の文章を読み直してみると、緊張して固まってしまっている。

そのような論考を書く機会を与えられるようになって37年ほど経っている。その頃からは、まずは文章を書く道具が変わっている。PCで書く文章は構成を大きく変えることもできるので、文章を書く手順まで変わった。そして、メモリーの媒体が異なり、ワードプロセッサーのソフトが変わっている。そのため、25年ほど前のものになると、データから取り出すことができなくて、当の文章を書き写すしかなくなる。さらには、現在という視座からそれを読み直してみると、私が論考を書き始めていた1990年以前とは、社会が大きく変化しており建築の置かれている環境は異なっている。「出来事」は同じように反復されているのだが、それを受け取る側の感受性によって、「切断」や「臨界」という意味を与えていることがわかる。社会的には1991年は、ソヴィエト連邦の崩壊や日本のバブル経済崩壊という切断面であり、2008年のリーマンショックや2011年の東日本大震災も私たちの意識を切断し変容させている。

1993年に共同で行っていた事務所を解散し、1995年に個人で主宰する「architecture WORKSHOP」を立ち上げた。この論考集は原則としてそれ以降のものを集めているが、1995年以前の文章とは態度が異なっている。1995年には、阪神淡路大震災や地下鉄サリン事件、そして「ウィンドウズ95」の発売など、大きな出来事があって日本の社会は変容したが、私にとっては主宰するオフィスをもったことが意識の切断面でもある。そしてさらに、招待展覧会や作品集が組まれることが「出来事」であり、それを契機として、自分の考えをまとめている。通常、論考は雑誌社からの執筆依頼などで書いているのでその内容はバラバラだ。それに対して展覧会や作品集の機会で書く文章は主体的な思考なので、そのつど思考が束ねられ内容が深められる。それは、社会を観察している私という個人の能動的なジャンプの契機である。

まずは、1999年に『建築文化』で、architecture WORKSHOPを立ち上げた以降の仕事を「空間の組成システム」（『建築文化』1999年5月）というタイトルで特集号をまとめた。そのときに「図式としての住居」（本書171頁）という文章を書き下ろしている。

次に2002年に、「ギャラリー間」で『ON THE SITUATION』（TOTO出版、2002年3月）というタイトルで個展を開催することになり、展覧会カタログをつくった。そのなかで「形態の存在証明について」（本書54頁）という文章を書いている。

2010年には、ヴェネツィア・ビエンナーレ国際建築展の日本館コミッショナーとして展示コンセプトをまとめた。その展覧会カタログを、出展者の塚本由晴さんと西沢立衛さんとの共著でつくった。その内容は、生成変化を続ける東京という都市のなかの住宅地域に注目し、経済活動を中心として構成された現代都市を批評するものである。そこで、ヨーロッパ世界がつくった「近代《モダニズム》」という文明を相対化する論考「TOKYO METABOLIZING」（本書１３９頁）を書いている。

２０１４年に、『in-between』（A.D.P.、２０１４年4月）というタイトルで作品集をまとめる機会を得て、そこで「厚みのある境界」（本書87頁）という論考を書いた。この境界とは、視線やプライバシー、気候にかかわるもので、そこでは外部空間と内部空間、公的領域と私的領域などの空間に対応するもの、さらには美学や政治学などのメタ概念に属するものなどについて言及している。作品集なので、ここに書いた事項は私が建築をつくる際の中心的な概念の記述である。

２０１５年に『都市のエージェントはだれなのか』（TOTO出版、２０１５年8月）というタイトルの書籍を初めて書き下ろした。その内容は２０１０年の「TOKYO METABOLIZING」以降、継続して考えてきたヨーロッパ文明そして都市に関する思索なのだが、その期間に書いていた、本書にも収録した何本かの論考をコラージュするようにして1冊の本にしている。翌年3月、横浜国立大学の最終講義を「近代から解放されて」というタイトルでおこなった。その内容に関連する文章を「行方」の部なかに3篇載せている。それは近代《モダニズム》の臨界をうかがうものである。

ここで収録した文章は、時代の変容に関する考察が多い。それは私自身が高校生から大学に移行しようという１９６９年に、時代の大きな切断面を経験していたこと、そして、１９８９年のベルリンの壁崩壊以降、足元が崩れ落ちるような時代の変化を感じたからだ。時代の変化は人間の生命スパンを超える時間で動いているものだが、その大きな時間の動きのなかでも、時に落差の大きい変位を経験することもある。本書のなかで、現在、経験している時代の変位の時期を〈1989－2014年〉としたが、収録した文章はほぼすべてこの時期に論考したものとなる。

同じ時期に重なる論考を収録しているので、同じ話題が繰り返される部分もあるが、それは私の思考を方向づけているものなので変えようがない。収録した35篇の論考を「切断」「状況」「都市」「住宅」「行方」という5つのカテゴリーに分けてみた。そのなかで、論考は互いに関係し内容は連携する。時間の流れという状況の変化に対応して連歌のように連なりながら、建築に関する私の思考も少しずつ上書きされているのだ。建築とは永遠の価値をもつものではない。さらに言えば、社会または世界の変化を表出して移ろう現象なのだ。

本文でも書いているが、都市や建築とは、その時代の社会の様態を映し出すものである。だから、都市や建築は文明の表象装置と言える。過去から続く現在をみると、社会は変移を繰り返しながら大きな循環をしていることがわかる。過去と未来は接続しており、過去の表象が未来の同じ位置に現れることはないが、必ず連続した関係性をもっている。未来を指し示す建築とはどのような姿をみせるのか、文明の臨界からそれを探ってみたい。

謝辞

2014年、穏やかな正月の朝、突然、真壁智治さんから電話をいただいて、論考集をまとめることになった。そのときは、真壁さんはその前年に出された槇文彦さんの論考『漂うモダニズム』への応答を構想されていたのではないかと思う。

時間／空間に浮かぶ現象としての建築というダイアグラムスケッチを添えて、いくつかの論考のコピーをお渡しした。しばらくして、真壁さんから『建築の臨界』というタイトルとコンセプトが書かれたA4の1枚のファックスが送られてきた。それから、3年ほどの時間が経緯し、その期間に書いた文章も堆積した。2017年の夏に出版の期日が決まり、一度あわててまとめたものを、選択して本書にまとめた。これは時間が決める思考の切断面なのだ。通読してみると、そこには西欧に始まる近代《モダニズム》という文明が臨界に達しているという観測があり、そこから未来の社会、そしてその社会と対応する建築の姿を探っている。そこで、タイトルは『モダニズムの臨界』となった。この観測が正しいのかは、歴史が証すことになる。

この論考集が出せることになったのは、あの正月の電話からはじまる。真壁さん、ありがとうございます。

図版クレジット

アトリエ・アンド・アイ（撮影）：Fig.33
アトリエ・ワン（撮影）：Fig.14
阿野太一（撮影）：Figs.16, 22, 26
中川敦玲（撮影）：Figs.7, 27（3点）
設計＝西沢立衛、アート＝内藤礼、撮影＝森川昇：Fig.35
藤塚光政（撮影）：Fig.5
AndreaSarti/CAST1466（撮影）：Fig.12
architecture WORKSHOP：Figs.17, 18, 19, 21, 23
architecture WORKSHOP（撮影）：Figs.3, 6, 11, 13
©Office of Ryue Nishizawa：Fig.15
Ron Herron, 1946：Fig.9
Renzo Piano, Richard Rogers：Fig.10
Y-GSA（撮影）：Fig.20

2　アメリカを経由した「近代」／『すまいろん』2004/秋号
3　社会化する住宅／『住宅特集』2008年11月号
4　住宅は都市に溶解する／『住宅特集』2011年4月号
5　「建築」概念の更新と「フィールド」の発見／『住宅特集』2015年1月号
6　住まうことから考える、生き延びるための家/Whole Earth Catalog／『建築雑誌』2015年11月号

第5部　行方

1　自然のダイアグラムとしての建築／「TOTO Web Site」2008年6月
2　都市の誘導モデル《egota house》／『建築雑誌』2008年8月号
3　小さな風景からの学び／『新建築』2014年6月号
4　自然に近似する人工《豊島美術館》／『建築雑誌』2012年8月号
5　コモンズの歴史的存在と現代における意味／『Creative Neighborhoods』（誠文堂新光社）2017年4月
6　視線の空間人類学／『窓の視線学』（YKK AP株式会社 窓研究所「窓学研究」報告書）2016年6月
7　自由な精神で世界を見るために／『20世紀の思想から考える、これからの都市・建築』（彰国社）2016年9月

図版目録

Fig.1：architecture WORKSHOP提供／Fig.2：『建築の解体』鹿島出版会、1997年、表紙／Fig.3：architecture WORKSHOP提供／Fig.4：<https://kenzotange100-kenchikunomirai.jimdo.com/>／Fig.5：architecture WORKSHOP提供／Fig.6：同前／Fig.7：同前／Fig.8：『監獄の誕生――監視と処罰』新潮社、1977、口絵28／Fig.9：<http://www.archigram.net>／Fig.10：『a+u』1976年6月号「特集：ピアノ＋ロジャースの建築的方法」p.118／Fig.11：architecture WORKSHOP提供／Fig.12：国際交流基金提供／Fig.13：architecture WORKSHOP提供／Fig.14：アトリエ・ワン提供／Fig.15：西沢立衛建築設計事務所提供／Fig.16：architecture WORKSHOP提供／Fig.17：同前／Fig.18：同前／Fig.19：同前／Fig.20：同前／Fig.21：同前／Fig.22：同前／Fig.23：同前／Fig.24：同前／Fig.25：『都市の建築』大竜堂書店、1991年、表紙／Fig.26：architecture WORKSHOP提供／Fig.27（3点とも）：同前／Fig.28：『Whole Earth Catalog』Point, New York、1968年、表紙／Fig.29：『The limits to Growth』ダイヤモンド社、1972年、表紙／Fig.30：『Design With Nature』Natural History Press、1969年、表紙／Fig31：『Urbanismo y arquitectura en Chiquitos』S.I Aguilar, 2000, p.47;『悲しき熱帯（下）』中央公論新社、1977年、p.41／Fig.32：『GLENN MURCUTT works and projects』Thames and Hudson、1995年、表紙／Fig.33：アトリエ・アンド・アイ提供／Fig.34：『小さな風景からの学び』TOTO出版、2014年、表紙／Fig.35：福武財団提供／Fig.36：architecture WORKSHOP提供／Fig.37：同前／Fig.38：同前／Fig.39：同前／Fig.40：同前／Fig.41：同前／Fig.42：同前／Fig.43：『20世紀の思想から考える、これからの都市と建築』彰国社、2016年、表紙

初出一覧

序　モダニズムの臨界／書きおろし、2014年10月、2017年4月追記

第1部　切断

1　建築は消える／『建築文化』1994年5月号
2　電信柱がなくなる日／『新建築』2000年11月臨時増刊号
3　未来の風景は建築が作る／『住宅建築』2007年7月号
4　潮目を読む者は誰なのか／『新建築』2009年4月号
5　レムからのメッセージ／「10+1Web Site」2014年7月

第2部　状況

1　「あたりまえ」の再構築／『住宅建築』1993年6月号、再録『ON THE SITUATION』(TOTO出版) 2002年3月
2　形態の存在証明について／『建築文化』1996年3月号、再録『建築文化』1999年3月号
3　どこにでもあるなんでもないもの／『建築文化』1999年3月号
4　文化・制度と空間／『建築雑誌』2000年9月号
5　美学的であること、政治学的であること／不詳、2001年
6　ポップカルチャーの建築／『建築の言語　ヴィジュアル版建築入門5』(彰国社) 2006年10月
7　厚みのある境界／『北山恒の建築空間in-between』(ADP) 2014年4月
8　制度と建築／『建築雑誌』2015年8月号

第3部　都市

1　テクストを生成する建築そして都市／『建築文化』1992年4月号
2　アーバン・ヴォイド・プログラム／「設計科学としての建築・都市」(日本学術会議) 2005年
3　都市の環境単位／『住宅特集』2007年5月号
4　建築は集まって生活する根拠をつくれるか／『新建築』2007年8月号
5　密集市街地から学ぶこと／『建築技術』2008年12月号
6　TOKYO METABOLIZING／「ヴェネチア・ビエンナーレ国際建築展日本館展示カタログ」2010年7月
7　木密から／『新建築』2012年8月号
8　現代都市という都市類型／「現代都市の日常生活の解体と住宅の行方」より抜粋、『住宅特集』2014年6月号
9　「都市のアーキテクチャー」について／『都市のアーキテクチャー』(横浜国立大学大学院、建築都市スクール"Y-GSA") 2016年3月

第4部　住宅

1　図式としての住居／『建築文化』1999年3月号

［著者紹介］

北山 恒（きたやま・こう）

1950年生まれ。横浜国立大学大学院修士課程修了。1978年ワークショップ設立（共同主宰）、1995年architecture WORKSHOP設立主宰。横浜国立大学大学院Y-GSA教授を経て、2016年法政大学建築学科教授。代表作に《洗足の連結住棟》《祐天寺の連結住棟》など。受賞歴に、日本建築学会賞、ARCASIA建築賞ゴールドメダル、日本建築学会作品選奨、日本建築家協会賞など。主な著書に「ON THE SITUATION」（TOTO出版）、「TOKYO METABOLIZING」（TOTO出版）、「in-between」（ADP）、「都市のエージェントはだれなのか」（TOTO出版）など。

建築・都市レビュー叢書 02

モダニズムの臨界
——都市と建築のゆくえ

2017年8月3日　初版第1刷発行

著　者　北山 恒

発行者　長谷部敏治

発行所　NTT出版株式会社
〒141-8654　東京都品川区上大崎3-1-1　JR東急目黒ビル
営業担当／TEL 03-5434-1010　FAX 03-5434-1008
編集担当／TEL 03-5434-1001　http://www.nttpub.co.jp

造本設計　松田行正＋杉本聖士
本文組版　高田明

印刷・製本　中央精版印刷株式会社

ISBN 978-4-7571-6071-2 C0052

建築・都市レビュー叢書　創刊の辞

21世紀の建築と都市のための議論を生む新しい知のプラットフォームを築く必要があります。そのために20世紀を生んできたこれまでの知の棚卸しを図り、新たな時代のパラダイムに対応する論考＝レビューのための場づくりが求められています。本叢書の主題は、現在の建築・都市に潜む事態・事象・現象・様相等のその問題性を指摘し、新たな局面を切り開いてゆくための独創的な力を示すことにあります。そして、レビューの機会をより多くの世代間、分野間に拡げ、そこから議論と理解を深め問題の所在を明らかにしてゆきます。

本叢書が、21世紀の建築と都市にわたる論考の場を活発化することを期待しています。

叢書キュレーター　真壁智治